THE PRACTICE OF THE PRESENCE OF GOD

하나님의 임재 연습

KB192091

● 독자 여러분들께 알립니다!

'CH북스'는 기존 '크리스천다이제스트'의 영문명 앞 2글자와
도서를 의미하는 '북스'를 결합한 출판사의 새로운 이름입니다.

세계기독교고전 17

하나님의 임재 연습

1판 1쇄 발행 2017년 11월 10일
1판 11쇄 발행 2024년 9월 2일

지은이 로렌스 형제
옮긴이 이광식
발행인 박명곤   **CEO** 박지성   **CFO** 김영은
기획편집1팀 채대광, 김준원, 이승미, 김윤아, 이상지
기획편집2팀 박일귀, 이은빈, 강민형, 이지은, 박고은
디자인팀 구경표, 유채민, 임지선
마케팅팀 임우열, 김은지, 전상미, 이호, 최고은

펴낸곳 CH북스
출판등록 제406-1999-000038호
전화 070-4917-2074   **팩스** 0303-3444-2136
주소 서울시 강서구 마곡중앙6로 40, 장흥빌딩 10층
홈페이지 www.hdjisung.com   **이메일** support@hdjisung.com
제작처 영신사

ⓒ CH북스 2017

세계
기독교
고전

17

THE PRACTICE OF THE PRESENCE OF GOD

하나님의 임재 연습

로렌스 형제 | 이광식 옮김

CH북스
크리스천
다이제스트

세계 기독교 고전을 발행하면서

한국에 기독교가 전해진 지 벌써 100년이 넘었습니다. 그동안 수많은 기독교 서적들이 간행되어 한국의 교회와 성도들에게 많은 공헌을 해 왔습니다. 그러나 기독교 역사 100년을 넘어선 우리의 교회와 성도들에게 더 큰 영적 성숙과 진정한 신앙을 심어주기 위해서는 가치있는 기독교 서적들이 많이 나와야 한다고 생각합니다. 그리하여 영혼의 양식이 될 수 있는 훌륭한 기독교 서적들이 모든 성도들의 가정뿐만 아니라 믿지 아니하는 가정에도 흘러 넘쳐야만 합니다.

믿는 성도들은 신앙의 성장과 영적 유익을 위해서 끊임없이 좋은 신앙 서적들을 읽고 명상해야 하며, 친구와 이웃 사람들의 구원을 위하여 신앙 서적 선물하기를 즐기고 읽도록 권해야 할 것입니다. 이것은 하나님의 백성으로서 살기 원하는 사람은 누구나 마땅히 해야 할 의무라고도 하겠습니다.

존 웨슬리는 "성도들이 책을 읽지 않는다면 은총의 사업은 한 세대도 못 가서 사라져 버릴 것이다. 책을 읽는 그리스도인만이 진리를 아는 그리스도인이다"라고 말했습니다. 우리는 이제 한국에서 최초로 세계의 기독교 고전들을 총망라하여 한국의 교회와 성도들에게 소개하고자 합니다. 전세계의 기독교 고전은 모든 기독교인들에게 영원한 보물이며, 신앙의 성숙과 영혼의 구원을 위하여 이보다 더 귀한 것은 없을 것입니다.

이러한 취지로 어언 2천여 년의 세월이 지나는 동안 세계 각국에서 저술된 가장 뛰어난 신앙의 글과 영속적 가치가 있는 위대한 신앙의 글만을 모아서 세계 기독교 고전 전집으로 편찬하고자 합니다.

우리는 이 세계 기독교 고전 전집을 알차고, 품위있게 제작하여 오늘날 한국의 교회와 성도들에게 제공하고 후손들에게도 물려줄 기획을 하고 있습니다. 우리는 다시 한번 다니엘 웹스터가 한 말을 깊이 생각해 보아야 할 것입니다.

"만약 신앙 서적들이 우리 나라 대중들에게 광범위하게 유포되지 않고, 사람들이 신앙적으로 되지 않는다면, 우리나라가 어떤 나라가 될지 걱정스럽다 … 만약 진리가 확산되지 않는다면, 오류가 지배할 것이요, 하나님과 그의 말씀이 전파되고 인정받지 못한다면, 마귀와 그의 궤계가 우세할 것이요, 복음의 서적들이 모든 집에 들어가지 못한다면, 타락하고 음란한 서적들이 거기에 있을 것이요, 우리나라에서 복음의 능력이 나타나지 못한다면, 혼란과 무질서와 부패와 어둠이 끝없이 지배할 것이다."

독자들의 성원과 지도 편달을 바라마지 않습니다.

CH북스
발행인 박명곤

차례

1부 로렌스 형제와 나눈 대화들

2부 로렌스 형제의 편지들

3부 로렌스 형제가 남긴 영적인 격언들

4부 로렌스 형제의 성품들

5부 로렌스 형제의 묵상 모음

로렌스 형제의 연보

1605	프랑스 로렌 지방에서 출생
1606-1617	로렌에서 유년기를 보내고 교육받다.
1618-1622	삼십년 전쟁의 전투에서 부상을 입고, 피유베르 씨 밑에서 일하다.
1623	기독교로 회심하다.
1624-1650	피유베르 씨 밑에서 계속 일하면서 성경공부를 늘이는 한편, 갈수록 세상살이에 불만족을 느끼다.
1651	파리에 있는 맨발의 가르멜회(會) 수도원에 들어가다.
1652-1654	수도원 주방 일을 마지못해 맡았고, 성경공부와 기도에 더 많은 시간을 쏟았지만 어떤 임무에도 열정을 느끼지 못하다.
1655	삶과 일에 대한 태도를 바꾸었던 결심, 그리고 모든 일에 임재하시는 분으로서 하나님께 집중하기로 한 믿음을 처음으로 표현하다.
1656-1665	주방에서 계속 일하면서, 하나님의 임재를 연습하는 믿음을 다른 교사들 및 학자들과 나누기 시작하였고, 상당히 알려지게 되다.
1666-1667	보몽의 수도원장이자 샬롱의 주교 총대리와 일련의 대화를 나누다. (이 자료들이 하나님의 임재 연습의 자료들이 되었음.)
1668-1690	상담, 가르침, 주방에서의 자기 임무를 계속 수행하다.
1691	보포르의 수도원장에게 마지막 편지를 보내고 며칠 후 잠들다.

소개의 글

　처음에는, 수도원 주방에서 일했던 그에게 아무런 특별한 것이 없었다. 니콜라는 단지 많은 평신도 형제들 중 하나로서, 수도사들이 기도와 연구에 집중할 수 있도록 수도원에서 일상적인 임무에 종사할 뿐이었다. 음식을 만들고 냄비들을 깨끗이 씻었지만, 진정한 열심이라곤 없었다. 아무도 이 평범한 사람이 기독교에 근원적인 영향을 끼치리라고 예상하지 못했다.

　어린 나이에 수도원에 들어온 수사들과 달리, 니콜라 헤르만은 훨씬 늦게 수도원 생활을 시작했다. 1605년에 태어난 니콜라는 엄청난 종교적 불안의 시대에 자랐다. 프로테스탄트가 그의 고국 프랑스에서 확대되고 있었지만, 개혁자들의 안전은 전적으로 파리의 왕좌에 앉은 군주에게 달려 있었다. 어떤 왕들은 신교도들에게 제한된 자유를 부여하였고, 다른 왕들은 그들을 무자비하게 탄압했다. 이것이 다소 이상한 동맹을 맺게 만들었는데, 프랑스 왕이 독일 신교도들과 연합하여 신성로마제국의 가톨릭 정부에 공격을 가한 것이다. 독실한 가톨릭으로 자란 니콜라는 많은 분쟁이 있었던 로렌 지역에서 전투가 최고조에 달했을 때 프랑스 군대의 일원이었다.

니콜라는 전투에서 심각한 부상을 입었다. 전쟁포로로 시간을 보낸 후, 그는 더디고도 고통스러운 회복의 과정을 겪었으며, 결국 부분적으로 장애가 남았다. 이후 그는 지방의 재무관리 피유베르 씨 밑에서 일하게 되었다. 이 시기에 그와 하나님과의 관계가 싹트기 시작했고, 그는 18세에 회심하기에 이르렀다. 그의 철저한 항복의 순간은 후에『하나님의 임재 연습』에서 경건하고 시적인 이미지로 묘사되었다:"겨울에, 잎사귀들이 벗겨진 한 나무를 보면서, 조금 있으면 잎사귀들이 다시 생겨나고 그 다음에는 꽃들과 열매들이 모습을 나타낼 것이라고 곰곰이 생각하면서, 그는 하나님의 섭리와 능력에 대해 그 이후로 그의 영혼에서 결코 지워지지 않은 깊은 깨달음을 얻었다."

이 회심의 영향은 니콜라가 세상을 보는 방식을 크게 변화시켰다. 그는 계속해서 일했지만, 갈수록 자기 삶에 불만족하게 되었다. 마침내, 오십의 나이에, 그는 파리에 있는 맨발의 가르멜회 수도원에 들어가기로 결심한다. 평신도 형제로서, 니콜라는 규칙적인 기도의 시간을 가졌고, 로렌스 형제라는 새로운 이름이 그에게 주어진다. 하지만 평신도 형제들은 수도원 기능이 유지될 수 있도록 일상적인 업무를 맡아야 했고, 로렌스 형제에게는 주방 일이 맡겨졌다.

그 전직 군인은 자기에게 할당된 임무에 신바람을 느끼지 못했고, 그 다음 4년간, 마지못해 주어진 일을 수행하였을 뿐이며, 그것이 전에 지은 죄들에 대한 일종의 속죄라고 간주하였다. 자기 영혼이 너무 비루하여 하나님께서 그를 이런 일을 하도록 이끄셨다고 생각하니 그는 비참했고 괴로웠다. 이런 생각을 곱씹다가, 서서히 그는 자기 자신에게 너무 많은 시간과 에너지를 집중하고 있다는 것을 깨달았다. 그는 하나님을 사랑하는 마음으로 수도원 일에 동참했고, '무슨 일을 하든지 하나님을 사랑하기'라는 단순한 생각에 집중할 필요가 있다고 결심했다.

이 결심이 그의 삶을 바꾸었다. 머슴살이 같은 가장 천한 일까지도 하나님 사랑으로 행하고, 그 일을 하나님을 섬기는 일로 접근하려는 의식적인 소원은 그의 태도를 바꾸었다. 뜻밖의 기쁨이 그를 충만하게 했다. 수도원 공동체의 다른 사람들이 로렌스 형제에게 일어난 놀라운 변화를 알아보았다. 그리고 그에게 그 비결을 묻기 시작했다. 그의 평판이 수도원 담장을 넘어 퍼졌고, 모든 계층의 종교 지도자들이 그에게 조언을 구하려고 찾아왔으며, 어떤 이들은 영적 상담과 지도를 요청하는 편지를 끊임없이 보내왔다.

자주 편지를 보냈던 이들 중 한 사람이 보포르(Beaufort)의 수도원장이었다. 그 수도원장과 로렌스 형제는 열다섯 통의 편지를 주고받았고, 일상생활 속에서 지속적인 하나님의 임재에 마음을 집중함으로써 로렌스 형제가 배운 것에 관하여 네 차례 대화를 나누었다. 수도원장은 그 대화들을 기록하였고, 후에 그것들을 편집하여, 서신들과 함께 묶어서, 오늘날 『하나님의 임재 연습』이라고 알려진 책을 만들어냈다. 그 책은 1690년대 중반에 최초로 출판되었다. 로렌스 형제가 숨진 후 얼마 지나지 않은 때였다.

그 책에 대한 수요는 즉각적이었으며, 지난 300년 동안 수요는 지속되었다. 아마도 그 이유는 일상생활 속에서의 신앙과 하나님의 임재에 대한 로렌스 형제의 이야기가 지극히 개인적이며, 그것이 하나님과의 관계가 확장되고 깊어지기를 추구하는 이들에게 친근한 호소력을 지니기 때문이리라.

로렌스 형제가 발견한 것은, 하나님의 임재가 한때의 느낌이나 단계별로 따라가는 일종의 프로그램이 아니라는 것이다. 하나님의 임재 경험은 삶의 방식이며, 곧 연습이다. 그것은 끊임없이 하나님께 집중하는 것을 의미한다. 그것은 개인이 무엇을 느끼거나 경험하든지 그런 것들을 하나님의 사랑의 빛 안에서 부차적인 것으로 만든다.

이 모든 것이 매우 단순하게 들린다. 하지만 로렌스 형제는 이 집중을 유지하는 것이 얼마나 어려운지를 잘 알았다. 수도원장과의 첫 번째 대화에서, 그는 그것을 훈련된 습관으로 만들기 위해 얼마나 힘겹게 노력해야 했는지를 묘사한다. 오랜 시간이 지난 뒤에야 비로소 그 습관은 제2의 천성, 즉 일상의 삶을 대하는 일종의 무의식적인 방식이 되었다. 평범한 사람이었던 로렌스 형제가, 비상했던 자기 삶의 후반기를 특징짓는 기쁨의 감격과 깊은 만족을, 일상의 삶으로 가지고 온 것이다.

해제

내 친구 중 하나는 "그리스도인의 삶에서 가장 큰 문제는 그것이 너무나 일상적이라는 것이다"라고 말하길 좋아한다. 대부분의 신자들에게 하나님이 아주 가까이 계시는 것처럼 여겨질 때가 있다. 어떤 사람들은 하나님의 임재를 인생의 절정의 시기에, 즉 자녀 출산 때, 결혼식 날, 아름다운 산 개울을 따라 산책할 때, 또는 마치 모든 꿈이 어느 순간 현실이 되는 것처럼 보일 때에 경험한다. 하지만 다른 사람들에게 하나님이 가장 가까이 계신다고 느껴지는 때는 인생의 낮은 지점들을 통과할 때이다. 친구의 죽음, 심각한 질병, 실직 또는 최악의 악몽에 빠졌다고 느껴지는 순간들이다. 그럴 때에도 — 어쩌면 '특별히 그럴 때'라고 말할 수도 있을 것이다 — 어떤 이는 "모든 지각에 뛰어난 하나님의 평강"(빌 4:7)을 누릴 수 있다.

삶의 극단이야말로 — 최선의 때와 최악의 때 — 대부분의 사람들이 하나님의 임재를 가장 쉽게 경험하는 지점이다. 그렇지만 많은 신자들의 경우, 그 중간에서 하나님을 찾기란 훨씬 어렵다. 대부분의 우리들에게, 일상의 고된 일은 우리를 안팎으로 지치게 만든다. 많은 그리스도인들이 일상의 책무라는 단조로움 속에서와 대부분의 시간을 보내야 하는 끝없는 쳇바퀴 속에서 하나님을 발견하지 못한다.

그러니 우리에게 중요한 질문은 이것이다: 한 날이 다른 날과 거의 다를 바 없이 보일 때 하나님은 어디에 계실까? 단조로운 일상의 삶에서 하나님은 어디에 계실까? 적어도 이 질문에 대한 대답의 일부를 우리는 로렌스 형제의 사려 깊은 삶의 경험에서 찾을 수 있다. 17세기 프랑스 사람이었던 그는 주방에서 "하나님의 임재를 연습하는" 법을 터득했다.

로렌스 형제(1605년경-1691년)

로렌스 형제의 초기 삶에 대해 알려진 바는 많지 않다. 우리는 그가 1605년 프랑스 로렌 지방에서 니콜라 에르망으로 태어났다고 믿는다. 그의 부모는 가난했지만 점잖았으며, 니콜라를 독실한 가톨릭 신자로 키웠다.

대부분의 유럽이 그랬던 것처럼, 프랑스도 16세기 프로테스탄트 개혁에 의해 깊이 분열되었다. 위그노로 불리던 프랑스 개신교 신자들은 1530년대 이후 급속히 늘어났고, 가톨릭이었던 프랑스 군주는 그들에게 불리한 강력한 조치를 취했다. 수십 년간의 종교적 분쟁과 심지어 프랑스 가톨릭 신자들과 위그노들 사이에 무력 충돌이 있은 후, 1598년의 낭트 칙령은 전쟁 당사자들 사이에 불안한 평화를 조성하였다.

니콜라가 태어났을 무렵, 다수파인 가톨릭은 위그노들에게 일정한 권리들을 보장했으며, 거기에는 몇몇 요새화된 도시들의 소유가 포함되었다. 위그노의 안전은 실제적으로 프랑스 정부를 장악하는 자의 손에 달려 있었다. 1629년, 커져가는 위그노 세력을 두려워한 나머지, 국왕 루이 13세의 가장 강력한 조언자였던 리슐리외 추기경은 위그노들을 그들의 요새화된 도시들에서 추방하였고, 그런 후 다소 놀라울 정도로 그들에게 광범위한 종교적·시민적 관용을 베풀었다. 다음 국왕 루이 14세는 훨씬 융통성이 적었다. 그는 위그노들에게 가톨릭으로 재개종하거나 프랑스에서 추방당하거나 둘 중 한 가지를 요구했다. 마침내, 1685년 왕은 퐁텐블로 칙령을 발하였는데, 그것은 낭트 칙령의 종교적 보장을 폐지하고, 나라 전역에서 신교를 금지하는 내용이었다.

요컨대, 니콜라 에르망은 로마 가톨릭이었기 때문에, 그가 직접적인 종교적 박해를 경험한 것은 아니다. 하지만 그의 종교적 입장이 그를 위험한 길에서 완전히 지켜주진 못했다. 우리가 가진 개략적인 자료에 의하면, 니콜라는 삼십년 전쟁(1618-1648) 기간에 프랑스 군대에 소속된 병사였을 것이다. 그 전쟁에서 가톨릭인 프랑스가, 스페인과 신성로마제국 모두를 다스리던 합스부르크 왕가에 맞서 독일 신교도 편을 들었다. 로렌 근방의 격렬한 전투에서, 니콜라는 심각한 부상을 입었다.

그에게 부분적인 장애를 남겨놓은 더디고 고통스러웠던 회복 이후, 그는 지방 관리 피유베르 씨의 사환이 되었다. 니콜라는 후에 그 자신을 "모든 것을 망치는 매우 서툰 얼치기"로 묘사했다. 그럼에도 불구하고, 피유베르 씨를 섬기던 여러 해 동안 하나님과의 관계는 자라기 시작했다. 1623년, 니콜라가 열여덟이었던 해에, 그는 신앙의 회심을 경험했다. "겨울에, 잎사귀들이 떨어진 한 나무를 보면서, 그리고 잠시 후면 잎사귀들이 새로 돋아날 것과 또 그 후에는 꽃들과 열매들이 나타날 것을 곰곰이 생각하면서, 그는 하나님의 섭리와 능력에 대해 고상한 깨달음을 얻었다." 하나님의 주권과 능력에 관한 이 개인적인 경험은 "그를 세상으로부터 놓이게 했고, 그의 속에 하나님을 향한 큰 사랑의 불을 지폈다." 그것은 그에게 결코 가시지 않는 충격이었다.

여러 해가 지나는 동안, 니콜라는 이 세상에서의 자기 삶에 불만족하게 되었다. 일부 역사가들은 그가 은둔자로 살기를 시도했을 것이라고 믿는다. 한 가지는 확실하다: 그의 나이 오십 무렵이 되었을 때, 그는 파리에 있는 맨발의 가르멜 수도원에 들어가기로 결심했다. 여러 해가 지나 되돌아보았을 때에도, 니콜라는 자신의 동기에 대해 아주 솔직했다. 그는 하나님 사랑 때문에 자기 삶을 바치고, 그분을 섬기기 위해 삶의 모든 즐거움들을 포기하길 원했다. 그는 또한 엄격한 수도원 생활에서 "자기의 서투름과 저지른 잘못들에 대해 따끔하게 벌을 받기를" 원했다.

가르멜회는 13세기에 설립된 수도회로서 이스라엘의 가르멜 산 이름을 딴 것이다. 한동안 가르멜회는 엄격한 훈련으로 알려졌지만, 세월이 흐르면서 기준이 쇠락하였다. 16세기 초반, 그 수도회는 아빌라의 성 테레사(St. Theresa of Avila)에 의해 개혁되었다. 새로운 가르멜 수녀회와 수도회들이 설립되었고, 옛 훈련의 상당 부분이 복구되었다. 가르멜회의 가장 엄격한 분파가 본류에서 떨어져 나와 1593년에 그들 자신의 독립적인 수도회를 설립하였다. 그들은 구두와 양말을 신기보다는 샌들을 선호했기 때문에 그들 스스로를 "맨발의 가르멜회"라고 불렀다.

니콜라는 가르멜회에 평신도 형제로 가입하였다. 그것은 그 공동체의 나머지 구성원들이 연구하고, 가르치고, 설교하고, 사본을 필사하는 등의 일에 종사할 수 있도록, 그 자신은 공동체 노동력의 일부가 되었음을 의미한다. 수도회의 일부로서, 평신도 형제들이 기도하고 규칙적인 경건 시간들을 지켰다는 것은 확실하다. 하지만 그들이 그곳에 있는 주된 이유는 다른 사람들을 위해 열심히 일하기 위해서였다. 니콜라 에르망이 그 공동체에 들어갔을 때, 그는 새로운 이름과 새로운 일을 얻었다. 그는 이제 로렌스 형제였고 주방 일을 맡게 되었다.

로렌스 형제는 그런 일에 타고난 취향이 없었기 때문에, 그것을 "자신의 서투름과 잘못을 뼈저리게 느끼도록" 만드는 하나님의 방식이라고 짐작했다. 그는 훈련을 위해 수도원에 왔고, 따라서 지저분한 솥과 냄비에 팔꿈치를 담그면서 삶의 대부분을 보내는 것은 자기희생을 위한 적절한 조치인 것처럼 보였다. 하지만 수년 후에 그가 말했듯이, 이 점에서는 하나님께서 그를 실망시키셨다. 자기 죄로 인해 평생의 참회를 하는 대신, 시간이 지나면서 주방 일은 그에게 "만족만을" 가져다주었다. 매우 놀랍게도, 뜨거운 화덕 옆에서 고되게 일하는 것이 그에게 하나님의 임재를 연습하는 법을 가르쳐주었다.

하지만 그가 그것을 알기까지는 시간이 필요했다. 처음 4년 동안, 로렌스 형제는 그 일을 좋아하지 않았다. 사실 그는 그 일을 아주 싫어했다. 그는 또한 자기 영혼의 상태에 대해서도 고민에 빠졌는데, 만일 세상에 조금이라도 정의가 있다면, 하나님께서 그를 저주하시는 것이 마땅하다고 확신했다. 최선의 노력에도 불구하고, 그는 비참했다. 마침내 그는 돌파구를 발견했다. 단순하게 표현하자면, 그는 "어디서 잘못했는지를 알아내려고 애쓰는" 자기 상태를 진단했다. 결국 그는, 자기 자신에 대해 염려하느라고 너무 많은 시간과 에너지를 쓰고 있다는 것을 깨닫게 되었다. 그는 기본으로 되돌아가서, 하나님을 사랑하는 것에 삶의 초점을 두기로 결심하였다. 수년 후에 그는 이런 식으로 고백했다. "나는 신앙생활에서 오로지 하나님 사랑에 몰두하였고, 오직 그분만을 위해 행동하려고 힘써왔습니다. 내가 어떤 사람이 되든지, 내가 잃은 자이거나 구원받은 자이거나, 언제나 순수하게 하나님 사랑을 위해 행동하기를 지속할 것입니다. 나는 적어도 이 선을 놓치지 않을 것이고, 죽을 때까지 그분을 사랑하기 위해 내 속에 있는 모든 힘을 다할 것입니다."

그것이 그의 삶에서 중대한 변화를 일으켰다. 그 때부터 그는 일 속에서 기쁨을 발견했다. 그는 "하나님 사랑을 위해 땅 바닥에 떨어진 지푸라기 하나를 주울 때에도" 즐거웠다. 가장 천하고 환영받지 못하는 임무도 새로운 의미를 지니게 되었다. 그가 의식적으로 모든 일을 하나님 사랑으로 행하고자 결심했을 때, 그의 삶이 바뀌었다. 사실상 그는 유명해졌고, 적어도 어느 정도는 알려지게 되었다.

그 공동체의 다른 사람들이 주방을 책임진 그 평신도 형제에게 무슨 일이 일어났다는 것을 알아챘다. 그들이 물었을 때, 그는 그들에게 삶의 소소한 일들 중에서 하나님의 임재를 연습하는 것에 관하여 말했다. 거기에는 어떤 진정한 비결이라든가, 아무런 신비로운 일도 없었다고 그는 말했다. 사람이 해야 할 일이란 자기 일로 돌아다니는 중에도 하나님을 기억하는 것이 전부였다. 물론, 그것은 조금 더 복잡한 문제일 것이다. 하지만 로렌스 형제에게 일상생활에서 하나님의 임재를 경험하는 것이란 줄곧 하나님에 관해 생각하는 것으로 이루어져 있었다.

여러 해 동안, 로렌스 형제의 삶은 그가 엄청나게 중요한 무언가를 발견했다는 것을 입증했다. 그는 결코 스스로를 홍보하지 않았다. 단, 그가 배운 바를 나누기에는 열심이었다. 가르멜회의 동료들은 하나님의 임재 연습에 관하여 그와 상의하였고, 수도원 바깥의 사람들도 마찬가지였다. 종교 지도자들이 그에게 조언을 구하러 왔다. 또 어떤 사람들은 영적인 자문을 구하려고 편지들을 보내왔다. 팔십대 중반 파리에서 숨을 거둘 때까지, 그는 주방에서 배운 것을 평생 실천하였다.

하나님의 임재 연습

기독교 영성의 고전이 된 이 책은 로렌스 형제와 보몽의 수도원장 겸 샬롱의 주교 총대리 사이에서 1666-1667년 사이에 있었던 네 차례 대화들의 요약, 그리고 열다섯 편의 서신들로 구성되었다. 서신들의 연대는 불확실하지만, 1691년 그의 죽음 직전까지 이어졌을 것이다. 이 자료들은 보포르의 수도원장에 의해 편집되었고 1690년대 중반 파리에서 출판되었다.

이 대화들과 편지들이 성격상 아주 개인적인 것임에도 불구하고, 여기에는 자서전적 정보가 아주 조금만 담겨 있을 뿐이다. 로렌스 형제는 자기 자신의 인생 이야기보다는 그가 배운 것을 나누는 데에 훨씬 관심이 컸다. 결과적으로, 책은 수도원 삶에 대한 자세한 사항을 거의 담고 있지 않으며, 실질적으로 바깥세상에서 일어났던 일에 대해서는 아무것도 담고 있지 않다. 로렌스 형제의 초점은 하나님과 동행한 그의 개인적 경험에 맞추어져 있으며, 다른 것에는 거의 관심을 두지 않았다. "나는 하나님 사랑을 위하여, 그분 외에 모든 것을 단념했습니다. 그리고 이 세상에 오직 그분과 나 외에는 아무도 없는 것처럼 살기 시작했습니다."

아마도 그것이 왜 『하나님의 임재 연습』이 처음 출판된 지 삼백년이 지난 후에도 여전히 사람들에게 말하고 있는지에 대한 이유일 것이다. 현대의 종교 생활은 자아 및 매우 개인적인 차원에서의 하나님 경험 추구를 그 중심에 두고 영위된다. 여론조사원들은 현대인의 삶에 깊은 종교적 갈망이 있다는 증거를 계속해서 발견한다. 미국인들은 산업화된 서구 사회에서 교회 출석률이 가장 높으며, 심지어 종교 단체들과 관계를 끊은 사람들 중에도 "영성"에 대한 광범위한 관심이 있다. 유사한 차원에서, 현대인들은 종교가 실제적이기를, 즉 종교가 개인적인 필요들에 대해 말해주기를 요구한다. 요컨대, 오늘날 대부분의 단체에서 강조하는 것은 당면한 삶과의 관련성이지, 종교적 교의 또는 교파적 충성도가 아니다.

당연히, 영적인 것에 대한 이런 개인적이며 심지어 소비자우선주의적 접근을 모든 사람이 좋아하는 것은 아니다. 신앙 공동체로부터 단절된 종교적 체험은 괴상하고 자아몰입적인 것으로 되기가 쉽다. 하지만 로렌스 형제는 신앙에 있어서 매우 개인적이면서도 자기중심적으로 되지 않았다. 결국, 누구든 하나님의 임재를 연습하기 위해서는, 자아가 아닌 하나님께 집중할 필요가 있는 것이다. 어떻게 느끼고 또 무엇을 경험하느냐 하는 것은, 일상의 삶에서 하나님을 기억하고 사랑하는 것에 언제나 부차적인 문제이다.

오랜 중독을 벗어나기 위한 열두 단계 프로그램들, 체중 감량을 위한 것에서부터 시작하여 우리가 삶에서 원하는 모든 것을 얻는 방법에 이르기까지, 세상에는 각종 안내서와 지침들이 넘쳐난다. 어떤 이는 방법론에 대한 로렌스 형제의 거의 전적인 무관심에 충격을 받는다. 현대의 독자들은 이 책에서 하나님의 임재를 경험하기 위한 '분명하게 명시되어 있는 단계별' 과정 같은 것을 발견하지 못할 것이다. 이 '주방의 성자'에 따르면, 하나님의 임재를 경험하는 것은 프로그램이 아니다. 그것은 연습이며, 삶의 방식이다. 거기에는 어떤 복잡한 것이 전혀 없다. 우선순위를 정하고, 산만한 요소들을 제거하고, 하나님에 대해 ― 많이 ― 생각하기로 결심하는 것이 전부이다. 그의 편지들 중 한 곳에서[열 번째 편지], 로렌스 형제는 이렇게 표현하였다: "내가 당신에게 충고했던 말을 기억하시기 바랍니다. 즉, 하나님을 자주 생각하고, 낮에나 밤에나, 일하는 중에나, 심지어 기분전환으로 쉴 때에도 그분을 자주 생각하십시오. 그분은 언제나 당신 가까이에, 그리고 당신과 함께 계십니다. 그분을 홀로 남겨두지 마십시오. 당신을 방문한 친구를 혼자 있게 두는 것은 무례한 일이라고 여기겠지요? 그렇다면 어찌 하나님을 무시한 채 버려둘 수 있을까요?"

산만하다는 것이 무엇일까? 어떤 사람들은 수도원에서도 집중을 방해하는 일들이 꽤 있음을 알고 놀란다. "어떠한 주의 분산도 없이 하나님을 섬기기 위해 신앙 공동체에 참여한 사람들이 아니던가?" 그 말이 맞다. 하지만 세상으로부터 수도사를 데려가는 편이, 수도사로부터 세상을 제거하는 것보다 훨씬 쉽다. 기독교 역사에는, 격리된 담장 안쪽이나 심지어 은둔의 동굴 속에서 갑갑한 수도사의 삶을 살았으면서도, 뒤에 남겨둔 삶에 대한 생각으로 생을 허비하고만 남자와 여자들의 이야기들로 가득하다.

로렌스 형제는 여기서도 분투하였다. 처음에 그는 일과로 짜놓은 기도와 경건의 시간이 모두 도움이 된다고는 여기지 않았다. 다른 많은 사람들과 마찬가지로, 그가 머릿속에서 잡다한 생각들을 제거하려고 노력할수록, 더 많은 것들이 들어올 뿐이었다. 그래서 그는 다른 접근방식을 시도했다. 그는 일했고, 바쁘게 지냈으며, 일손을 놓지 않았고, 주방에서 분주하게 일하는 동안에 하나님을 생각했다. 이런 방식에서, 그가 놀랍게도, 그는 하나님께 더욱 쉽게 집중할 수 있었다. 그가 열심히 일할수록, 더 기도를 잘하게 되었다.

목회 상담학의 개척자들 중 한 사람인 웨인 오츠(Wayne Oates) 박사는 로렌스 형제의 방식에서 참된 지혜를 발견했다. 때로는 육체노동이 영적인 삶을 되찾는 최상의 길이라고 그가 진술했다. "목사 겸 교사로서, 나는 성령의 어떤 새로운 계시를 추구하면서, 비생산적인 영혼의 침체기를 겪었다. 나는 지하실을 청소하고, 문에 페인트를 칠하고, 주방의 깨어진 타일 조각을 손질하는 등의 일이 평소 익숙하지 않았던 생각과 계시의 출처들을 제공하는 것을 발견했다." 수사들과 수녀들의 생활 규칙들을 작성한 대부분의 수도원 지도자들은 영적인 삶을 건강하게 유지하려면 기도와 노동의 균형이 필수적이라는 사실을 이해했다.

하지만 로렌스 형제는 힘든 일 그 자체로는 결코 충분하지 않다는 것을 발견했다. 일하는 동안 생각을 하나님께 집중하기도 해야 한다. 그는 다른 때에 생각이 너무 멀리 배회하지 않도록 한다면, 기도하는 시간에 생각이 산만해지지 않도록 하는 것이 훨씬 더 쉬워진다고 말했다. "하나님의 임재 안에서 마음을 잘 간수해야 합니다. 자주 그분을 생각하는 것에 익숙해지면, 기도 시간에 생각을 차분히 유지하는 것이 쉽게 될 것이며, 적어도 흩어졌던 생각을 다시 소환하는 것이 어렵지 않게 될 것입니다"[여덟 번째 편지].

형제라면 생활 속에서 주의를 산만하게 하는 일들이 그의 시대보다는 오늘날에 더 많을 것이라고 여길까? 아마 그럴 것이다. 17세기의 어떤 평신도 형제도 우리의 주의를 끌기 위해 경쟁적으로 밀려드는 잡다한 일들의 홍수를 상상할 수는 없었을 것이다. 그럼에도 불구하고, 그가 우리에게 주는 조언은 동일할 것이라고 짐작할 수 있다: 가능하다면 산만한 요소들을 제거하라. TV와 CD 플레이어의 요란한 소리들 너머로 하나님의 임재의 세미한 음성을 듣기는 어려울 것이다.

죄는 어떤가? 하나님의 임재를 연습하는 것이 어떻게 한 사람의 삶에서 죄의 문제와도 관련이 있을까? 로렌스 형제는 결코 죄 없는 성자가 아니었다. 그는 죄를 지었고 그도 그것을 알았다. 하지만 그는 자기 죄에 대해서 곰곰이 생각하지 않았다. 믿음으로 그는 정죄의 두려움을 극복했다. 그는 자기 죄들을 고백하고, 하나님의 사랑과 은혜를 확신하며 앞으로 나아갔다.

두 번째 대화에서 로렌스 형제는 말했다: "만일 하나님 사랑이 비어 있다면, 모든 종류의 금욕이라도 단 하나의 죄도 없애지 못합니다. 우리는 염려하지 말고 예수 그리스도의 피에 의해 우리의 죄들이 용서받기를 기대해야 하고, 온 마음을 다해 오로지 그분을 사랑하도록 노력해야 합니다.

하나님께서는 가장 큰 죄인들에게 가장 큰 은총들을 베푸신 것으로 보이며, 그것은 그분의 자비를 더 크게 기념하는 표징으로 보입니다."

하나님의 임재 연습이 쉽게 되는 것일까? 로렌스 형제에 따르면 그렇지 않다. 누구든 그 문제에서 노력해야 한다. 첫 번째 편지에서, 그는 어떻게 하나님 임재 의식의 습관을 형성했는지 묘사하였다. 하나님의 임재 연습은 습관이 되어야 한다. 규칙적이고 훈련된 삶의 방식은 때가 되면 자연적이고 거의 무의식적인 반응이 된다. 하지만 로렌스 형제조차도 출발은 더딜 수밖에 없었다. 시간이 지나면서 그는 그가 행하는 모든 일에서와 그에게 일어난 모든 일에서 하나님을 보는 법을 배웠다. 하지만 그것은 연습이 필요하다.

결국, 아마도 그것이 로렌스 형제가 다른 대부분의 사람들과 달랐던 점일 것이다. 대다수 미국인들이 하나님을 믿는다고 말한다. 하지만 그들 중에서 하나님에 대해 생각하고, 직업 속에서, 매일의 고된 일 속에서, 지치게 만드는 가사와 업무의 한가운데서, 하나님의 임재의 흔적들을 구하는 사람들은 얼마나 될까? 얼마나 많은 사람들이 매일의 삶에서 잠시도 하나님을 생각하지 않은 채로 살아가고 있는가? 그들은 하나님을 믿는다 말하지만, 하나님을 조금도 신경 쓰지 않는다. 하나님 임재의 예리한 의식을 가지고 일상을 살아가는 데 관심이 있는 사람이라면, 그런 식으로 삶을 꾸려갈 수는 없다. 히브리서 저자에 따르면, "믿음이 없이는 하나님을 기쁘시게 하지 못하나니 하나님께 나아가는 자는 반드시 그가 계신 것과 또한 그가 자기를 찾는 자들에게 상 주시는 이심을 믿어야 한다"(11:6).

1부

대화

그분이 좋은 것을 주실 때는, 더할 나위 없이 좋겠거니와
그분이 거절하실 때에도, 유익하기는 매한가지.
그분의 주권적인 손에서 비롯된 환난은
위장된 축복이기 때문이라.

첫 번째 대화

내가 처음으로 로렌스 형제를 본 것은 1666년 8월의 셋째 날이었다. 그가 내게 들려주기를, 그의 열여덟 살 때의 회심에서 하나님께서 그에게 특별한 은혜를 베푸셨다고 했다.

회심과 이전의 직업

그해 겨울에, 잎사귀들이 벗겨진 한 나무를 보면서, 조금 있으면 잎사귀들이 다시 생겨나고, 그 다음에는 꽃들과 열매들이 모습을 나타낼 것이라고 곰곰이 생각하면서, 그는 하나님의 섭리와 능력에 대해 깊은 깨달음을 얻었고, 그것은 그 이후로도 그의 영혼에서 결코 지워지지 않았다. 그 깨달음은 그를 세상적인 매임에서 완전히 놓이게 했고, 그의 속에 하나님을 향한 사랑의 불을 지펴놓았다. 당시만 해도 그는 그 사랑이 사십년 이상 지속된 그의 삶에서 증대될 것이라고는 예상하지 못했다. 그는 회계사였던 피유베르 씨의 사환이었고, 모든 일을 망쳐놓는 대단히 어설픈 사람이었다.

그는 한 수도원에 받아들여지기를 바랐다. 그것이 그가 저지른 서툰 행동이나 잘못들에 대해 따끔하게 벌을 받는 셈이 된다고 생각했기 때문이다. 그래서 그는 자기 삶을 하나님께 바치고 삶의 모든 즐거움들을 포기한다고 했다. 하지만 하나님은 그의 예상을 빗나가게 하셨다. 그 상태에서 그는 더할 나위 없는 만족을 얻었기 때문이다.

하나님의 임재 안에서의 만족

로렌스 형제는 우리가 하나님과 지속적으로 대화함으로써, 하나님 임재 의식 안에 확고하게 거해야 한다고 말했다. 그분과의 대화를 중단하고 사소하고 어리석은 일들을 생각하는 것은 부끄러운 일이라고도 했다.

그는 우리가 하나님을 묵상함으로써 우리 영혼에 양식과 자양분을 공급해야 하며, 그분에게 헌신하는 것이야말로 우리에게 큰 기쁨을 가져다 줄 것이라고 말했다.

로렌스 형제는 우리의 믿음이 살아있어야 함을, 즉 생동해야 함을 강조했다. 믿음이 너무 빈약한 나머지, 사람들이 믿음을 행동의 규칙으로 삼기보다는 매일 바뀌는 사소한 임무들을 수행하는 것으로 스스로 즐거워하는 것이야말로 한탄스러운 일이다. 믿음의 길이야말로 교회의 정신이며, 믿음은 능히 우리를 더욱 온전한 상태로 이끌어줄 것이라고 그는 말했다.

인종(忍從)의 자세는 깨어있음의 열매이며, 믿음은 우리의 의무다

우리는 우리 자신을 하나님께 드려야 한다. 현세의 것들과 영적인 것들 모두 그렇게 해야 하며, 오직 그분의 뜻을 이루는 것에서 만족을 찾아야 한다. 그분이 우리를 고난으로 이끄시든 혹은 위로를 누리게 하시든, 진정으로 자기를 내어준 영혼에게는 모든 것이 마찬가지이다. 기도가 메마르고 무감각하며 귀찮게 여겨지는 사람들에게 필요한 것은 충성이며, 하나님은 그것으로써 그분을 향한 우리의 사랑을 시험하신다. 로렌스 형제는 바로 그럴 때야말로 우리가 자기를 내어드리는 행동을 보일 때이며, 그런 행동에 의해 우리는 종종 커다란 영적 진보를 이룰 수 있다고 했다.

날마다 세상에서 들려오는 불행과 죄들에 관하여 그는 전혀 놀라지 않는다고 했으며, 정반대로, 악한 죄인들이 행할 수 있는 가능성들을 생각하면 오히려 더 많은 불행과 죄들이 없는 것이 놀랍다고 했다. 그가 말하길, 자기로서는 세상의 죄와 불행 때문에 기도하겠지만, 하나님께서 당신이 기뻐하실 때에 죄인들이 행한 잘못들을 고치실 수 있음을 알기에, 필요 이상 심각한 고통에 빠져들지는 않는다고 했다.

하나님이 바라시는 그러한 인종(忍從)의 자세를 가지려면, 우리는 세상의 천한 일들에서 뿐 아니라 영적인 일들에도 뒤섞일 수 있는 육의 욕망들을 경계해야 한다. 그는 하나님께서 그분을 진실로 섬기길 원하는 자들에게 그런 정욕을 분간할 수 있는 빛을 주실 것이라고 말했다. 그는 이렇게 덧붙여 말했다. "만일 하나님을 신실하게 섬기는 것이 나의 의도라면, 나는 자주 기쁨으로 그분에게 올 것이며, 그것을 귀찮게 여기거나 두려워하지 않을 것이다. 하지만 그렇지 않다면, 더 이상 그분을 방문하기가 어려울 것이다."

두 번째 대화

사랑이 모든 일의 동기가 되다

로렌스 형제는 언제나 사랑에 의해 이끌렸으며, 이기적인 동기가 없었다고 말했다. 하나님을 사랑하기로 결심하고, 그것을 모든 행동의 목적으로 삼은 이후로, 그는 방법에 있어서도 충분히 만족할 이유들을 발견했다. 하나님 사랑이 목적이었기에 바닥에 떨어진 지푸라기를 줍는 일에서도 기뻐할 수 있었고, 오직 그분만을 추구하며, 그 외에 다른 어떤 것도, 심지어 그분의 선물조차도 구하지 않을 수 있었다.

한때는 두려움으로, 이제는 기쁨으로 행하다

그는 자신이 저주를 당할 수 있다고 믿어 오랫동안 마음속으로 고통을 겪었다고 말했다. 세상의 그 어떤 사람도 달리 생각하도록 그를 설득할 수 없었다. 하지만 그 문제에 관하여 이제 그는 스스로를 다음과 같이 설득할 수 있게 되었다. "나는 하나님을 사랑하기 위한 목적 외에 다른 것 때문에 종교적인 삶을 영위한 것이 아니었다. 나는 오직 그분을 위해 행동하려고 애써왔다. 내가 어떤 사람이건, 내가 잃은 자이건 구원받은 자이건, 나는 언제나 계속해서 순수하게 하나님을 사랑하는 마음으로 행할 것이다. 나로서는 최소한 이러한 미덕을 지킬 것이며, 죽을 때까지 내 모든 힘을 다해 그분을 사랑할 것이다."

이러한 정신적인 고민은 수년 간 지속되었고, 그 기간 동안 그는 많은 고통을 겪었다. 하지만 마침내 그는 그 고민이 믿음의 결핍에서 생기는 것임을 보게 되었고, 그 때 이후로는 완전한 자유와 지속적인 기쁨 안에서 삶을 영위할 수 있었다. 그는 자기 죄들을 자신과 하나님 사이에 두었고, 사실 자기는 하나님의 은혜를 받을 자격이 없다고 하였지만, 하나님께서 계속해서 풍성한 은총을 베풀어주셨다고 말했다.

근면과 사랑

로렌스 형제는 말하기를, 우리가 지속적으로 하나님과 대화하고 또 실행하는 모든 일에서 그분께 의뢰하는 습관을 형성하려면, 우선은 우리가 부지런히 그분께 여쭈어야 하겠지만, 그 다음으로는 아무런 거리낌 없이 그분의 사랑이 내면적으로 우리를 일깨우는지를 신중히 살펴야 한다고 했다.

그는 하나님께서 허락하신 즐거운 날들을 보낸 이후에는 수고와 고통의 차례가 올 것이라고 예상했다. 하지만 그 문제에 대해 그는 염려하지 않았다. 왜냐하면 그 자신이 아무것도 할 수 없음을 알았고, 또 하나님께서 틀림없이 그것들을 견딜 수 있는 힘도 주신다는 것을 잘 알았기 때문이었다.

단순성은 하나님의 도우심을 얻는 열쇠

어떤 덕을 실천했을 경우, 그는 곧바로 하나님께 이런 식으로 고백하였다. "주님, 주께서 능력을 주시지 않으면 제가 이 일을 행할 수 없습니다." 그런 고백과 더불어 그는 충분한 힘을 공급받았다고 했다.

자신의 의무에 실패했을 때, 그는 단순하게 자기 잘못을 시인하면서 하나님께 이런 식으로 말씀드렸다. "주님께서 저를 혼자 내버려 두시면 저는 다음번에도 달라지지 않을 겁니다. 주님만이 저의 넘어짐을 막을 수 있고, 실수를 바로잡으실 수 있습니다." 그렇게 아뢴 후 그는 더 이상 그 문제로 불안해하지 않았다.

우리는 아주 단순한 자세로 하나님과 동행해야 한다. 그분에게 솔직하고 분명하게 말할 것이며, 무슨 일들이 생길 때마다 사정을 아뢰고 그분의 도우심을 요청해야 한다. 그가 자주 경험했듯이, 하나님은 결코 그런 요청을 무시하시지 않는다고 했다.

바깥일도 집안일처럼

로렌스 형제는 최근에 공동체에 필요한 포도주를 사기 위해 부르고뉴(Burgundy) 지역으로 심부름을 갔다. 그 임무는 그에게 아주 달갑지 않은 일이었다. 거기에는 업무상 아는 사람이 아무도 없었고, 게다가 다리까지 절어 통을 짊어지지 못하고 굴리면서 와야 했기 때문이다. 그렇지만, 그는 그 일에 대해 불안해하지 않았고, 포도주 구입 문제도 걱정하지 않았다. 그는 하나님께 "제가 행하려는 이 일은 당신의 일입니다"라고 말씀드렸고, 나중에 그 일이 아주 순적하게 진행되는 것을 보게 되었다. 그는 지난해에 같은 일로 오베르뉴(Auvergne) 지방으로 파견된 적도 있는데, 그는 그 일을 어떻게 진행해야 하는지 알지도 못했지만, 결과적으로 아주 잘 되었다고 말했다.

마찬가지로, 그는 주방에서 일을 할 때에도(그는 본래 그 일을 아주 싫어했다) 모든 것을 하나님 사랑으로 행하는 것에 익숙해졌다. 그는 하나님의 은혜로 하나님의 일을 잘할 수 있도록 범사에 기도하였고, 주방 일에 종사했던 지난 십오 년 동안 모든 일이 쉽게 이루어진 것을 알 수 있었다.

그는 현재 맡은 일이 아주 마음에 든다고 했다. 하지만 그는 언제든 그 일을 그만둘 준비가 되어 있다고도 했다. 왜냐하면 자기에게 맡겨지는 작은 일들을 하나님 사랑으로 행하면서, 모든 상황 속에서 항상 기뻐하기 때문이었다.

정해진 기도 시간들과 자발적인 고행은 하나님의 임재 연습에 필수적이지 않다

로렌스 형제에게는 정해진 기도시간들이나 다른 시간들이 다르지 않았다. 그는 상급자의 지시에 따라 일에서 물러나 기도하기도 하지만, 그런 은거(隱居)를 원하지도 않았고 그것을 요청하지도 않았다. 왜냐하면 그에게 가장 중요한 일은 하나님에게서 벗어나지 않는 것이기 때문이었다.

그는 모든 일에서 하나님을 사랑하는 자기 의무를 알았고, 또 그렇게 하려고 노력하기 때문에, 그에게는 조언해주는 감독자가 필요하지 않았다. 그렇지만 그는 고해 성사를 들어줄 사람은 필요하다고 했다. 그는 자기 잘못들에 대해 아주 민감했지만, 그것들 때문에 의기소침하지는 않는다고 했다. 그는 잘못들을 하나님께 고백하지만, 변명하려고 애쓰지는 않는다고 했다. 겸손하고 솔직하게 잘못을 고백하였을 때, 그는 평상시처럼 평화롭게 하나님을 사랑하고 찬양하는 상태로 회복된다고 말했다.

그는 마음속 고민을 아무하고도 상의하지 않았다. 오직 믿음의 빛으로 하나님의 임재하심을 알았기에, 그는 자신의 모든 행동들이 하나님께 향하도록 하고, 결과가 어떠하든지 모든 일에서 하나님을 기쁘시게 하려 애쓰는 것으로 만족하였다.

그는 헛된 생각들이 모든 것을 망치며, 그릇된 행동들은 거기서 비롯된다고 했다. 만약 우리가 그런 생각들이 당면한 문제나 우리의 구원을 위해 부적절하다고 인식한다면, 곧바로 그런 생각들을 거부해야 하며, 즉시 하나님과의 친교로 되돌아와야 한다고 했다.

수도원 생활 초기에, 그는 정해진 기도 시간 동안에 자주 흐트러진 생각들과 싸우다가, 또다시 그런 생각들에 빠지곤 했다. 그는 다른 사람들처럼 어떤 특정한 방식들로써 기도를 규칙화할 수가 없었다. 그럼에도 불구하고 그는 처음에는 일정 시간을 묵상하다가, 나중에 자리를 뜨곤 했는데, 그런 방식에 영 신통치 않았다고 말했다.

그는 모든 육체적인 고행들과 훈련들은 무익하지만, 사랑으로 하나님과의 연합에 이르도록 이바지하는 것이 있다면 그것을 중요하게 여긴다고 했다. 그는 지속적인 사랑의 훈련과 모든 일들을 하나님을 위해 행하는 것이야말로 그분에게 곧장 이르게 하는 지름길임을 알게 되었다고 했다.

그는 또 말하길, 우리가 인지적 행동과 의지적 행동 사이의 큰 차이를 분간해야 한다고 했는데, 전자는 비교적 가치가 낮으며, 후자는 매우 가치 있는 것이라 했다. 우리가 할 유일한 일은 하나님을 사랑하고 하나님 안에서 기뻐하는 것이다.

가능한 모든 종류의 금욕에 관하여 그가 언급하기를, 만일 그 속에 하나님 사랑이 비어 있으면, 단 하나의 죄도 없애지 못한다고 했다. 우리는 염려하지 말고 예수 그리스도의 피에 의해 우리의 죄들이 용서받기를 기대해야 하고, 우리의 온 마음을 다해 오로지 그분을 사랑하도록 노력해야 한다. 하나님께서는 가장 큰 죄인들에게 가장 큰 은총들을 베푸신 것으로 보이며, 그것은 그분의 자비를 더 크게 기념하는 표징으로 보인다고 했다.

이 세상에서의 가장 큰 고통이나 기쁨도, 그가 영적인 상태에서 경험한 고통이나 기쁨과는 비교될 수 없었다. 그렇기 때문에 그는 아무것도 염려하거나 두려워하지 않으며, 그가 하나님을 향하여 바라는 단 한 가지는 그분을 노엽게 하지 않는 것이라고 했다.

모든 가책들을 하나님께 가져오기

로렌스 형제는 아무런 양심의 거리낌이 없다고 하면서 이렇게 말했다. "내가 의무를 다하지 못했을 때, 나는 기꺼이 그것을 인정하면서 하나님께 '저는 본래 실수를 잘하였고, 저 혼자 내버려진다면 도저히 더 잘해낼 수가 없습니다'고 아룁니다. 의무를 다했을 경우, 나는 하나님께 감사드리고, 그렇게 할 수 있었던 것이 그분의 은혜 때문이라고 인정합니다."

세 번째 대화

사랑으로 역사하는 믿음

로렌스 형제가 말하길, 지금까지 자기의 영적인 삶의 기초는 믿음 안에서 하나님을 크게 존중하는 것이었다고 했다. 그런 인식에 젖어들면서 우선은 염려가 없어졌고, 다른 모든 합당치 않은 생각들을 거부하게 되었으며, 자신의 모든 행동을 하나님을 사랑하는 마음으로 수행할 수 있었다. 때때로 잠시 동안 하나님을 생각지 않았을 때, 그것 때문에 그는 조바심내지 않았다. 그는 자신의 곤고함을 고백하면서 곧바로 하나님께 돌아왔으며, 하나님을 잊은 것 때문에 마음이 곤고해졌으므로 더욱더 그분을 신뢰하였다.

우리가 하나님을 신뢰하면 하나님을 크게 영화롭게 하며, 우리에게는 큰 은혜가 임할 것이라고 그가 말했다.

하나님은 결코 속이시지 않는 분이다. 또 하나님은 그분께 온전히 맡기고서 그분을 위해 모든 것을 인내하는 영혼이 결코 오랫동안 고통당하도록 버려두시지도 않는다.

그는 모든 상황 속에서 예비된 하나님의 은혜의 도움을 자주 경험하였다고 했다. 그리고 그런 경험으로 인해, 해야 할 일이 있을 때 미리 궁리하지 않는다고 했다. 해야 할 때가 되면, 마치 선명한 거울에서 보는 것처럼, 그는 하나님 안에서 모든 것이 그가 행하기에 적합하였음을 발견하곤 했다. 최근에 그는 이런 식으로 행동하였다. 미리 예측하여 염려하지 않고, 앞서 언급한 은혜의 경험에 비추어보며, 그 경험을 당면한 문제에 적용하곤 하였다.

외적인 일로 방해받지 않음

외적인 업무가 하나님을 생각하는 것에서 그를 조금 벗어나게 만들 때, 하나님으로부터 임한 신선한 기억이 그의 영혼 속으로 주입되었다. 그것이 그의 속에서 불꽃처럼 타올라 그를 너무나 황홀하게 했기에, 그는 그것을 억누르기가 힘들었다고 했다.

온전히 맡기는 것이 가장 확실한 길

로렌스 형제는 자신에게 장차 몸이나 정신의 상당한 고통이 따를 것이라고 예상했다. 그에게 일어날 수 있는 최악의 일이란 그가 그토록 오랫동안 누려왔던 하나님 임재 의식을 잃어버리는 것이었다. 하지만 인자하신 하나님은 결코 그를 완전히 버리시지 않을 것임을 그에게 확신시켜주셨다. 또한 하나님께서 그에게 일어나도록 허용하신 재난이 무엇이건, 하나님은 그것을 견딜 수 있는 힘도 주실 것이라고 로렌스 형제는 말했다. 그렇기 때문에 그는 아무것도 두려워하지 않으며,

자신의 상태에 관하여 어느 누구와도 상의한 적이 없다고 말했다. 그가 다른 사람과 상의하려고 시도했을 때, 그는 언제나 더 큰 당혹감을 맛보았다. 하나님 사랑으로 인해 언제든 자기 목숨을 버릴 준비가 되어 있음을 의식하기에, 그는 어떤 위험도 걱정하지 않았다. 하나님께 온전히 맡겨 드리는 태도는 천국에 이르는 확실한 길이며, 그 길에서 우리는 언제나 우리의 행동을 위한 충분한 빛을 얻는다.

그가 말하길, 영적인 삶의 초기에, 우리는 신실하게 의무를 행하며 자기를 부인해야 한다고 했다. 하지만 그런 후에는 말할 수 없는 기쁨이 따를 것이다. 역경 속에서 우리에게 필요한 것은 단지 예수 그리스도를 의지하고, 또 그분의 은혜를 구하는 것이다. 그분의 은혜만 있으면 모든 것이 쉬워진다.

많은 사람들이 신앙 여정에서 진보를 이루지 못하는 이유는, 그들이 참회의 고행이나 어떤 특정한 훈련에 매달려 있으면서, 그것의 목적인 하나님 사랑을 놓치고 있기 때문이다. 이런 현상은 그들의 일에서 명백히 드러나며, 그것이 바로 우리가 그 속에서 진정한 가치를 발견하지 못하는 이유이다.

하나님께 가기 위해 필요한 것은 기술이나 방법이 아니며, 오직 하나님을 향하고, 그분만을 위하고, 그분만을 사랑하기로 굳게 결심한 마음이다.

네 번째 대화

하나님께 가는 방법

로렌스 형제는 나와 자주 대화를 나누었다. 그는 마음을 활짝 열고 이야기를 나누었고, 앞서 이미 언급된 부분도 있겠지만, 하나님께 가는 자신의 방식에 대해 들려주었다.

자기부인의 자세

그는 모든 것이 자기부인이라는 한 가지에 달려 있으며, 우리가 알고 있는 다른 것들이 하나님께 이끌어주지 않는다고 말했다. 우리는 하나님과의 지속적인 대화를 습관화할 수 있으며, 단순하고도 자유로운 방식으로 그렇게 할 수 있다고 했다. 우리는 그저 아주 친밀하게 우리와 함께하시는 하나님을 인정할 필요가 있으며, 매 순간 우리 자신이 그분에게 말을 걸어야 한다. 우리는 불확실한 일을 만날 때 그분의 뜻을 알기 위해서, 또 그분이 우리에게 명백히 바라시는 것을 올바로 수행하기 위해서 얼마든지 도움을 요청할 수 있다. 일을 시작하기 전에는 사정을 그분께 알려드리고, 또 일을 마쳤을 때에는 그분께 감사를 드리는 것이 마땅하다.

기도와 찬양이 낙심을 물리친다

하나님과의 대화에서, 우리는 끊임없이 그분을 송축하고, 높여 드리며, 사랑해야 한다. 그분의 무한한 인자하심과 온전하심이 우리가 그렇게 해야 할 이유이다.

우리는 우리 주 예수 그리스도의 무한한 공로를 의지하면서, 죄로 인해 낙심에 빠지지 말고, 확신을 가지고 그분의 은혜를 바라며 기도해야 한다. 그는 하나님이 결코 은혜 주시기를 거절하지 않으신다고 했다. 그는 분명히 그렇게 인식하고 있었다. 그의 생각이 하나님의 임재 의식에서 멀리 떨어져 배회할 때나, 하나님의 도우심을 망각했던 때를 제외한다면, 그는 은혜를 구하는 기도에서 결코 거절당하지 않았다고 했다.

우리가 하나님을 기쁘시게 하려는 것 외에 다른 의도가 없다면, 하나님께서는 우리가 의심에 빠질 때 항상 빛을 주신다.

평범한 일 속에서의 성화

로렌스 형제는 우리의 성화가 우리의 일을 바꾸는 것에 달린 것이 아니라, 오히려 통상 우리 자신을 위해 하던 그 일을 하나님을 위해 하는 것에 달려 있다고 했다. 그는 많은 사람들이 수단들을 목적으로 오해하고서, 특정한 일에 집착하는 것을 볼 때마다 딱하다고 했다. 그들은 자기 자신의 인간적인 혹은 이기적인 동기로 일하기 때문에, 그 일을 매우 불완전하게 수행하고 있다.

그가 깨닫기로는, 하나님께 가까이 가는 가장 뛰어난 방법은 우리의 일상적인 일을 사람을 기쁘게 하려는 동기에서 하지 않고[갈 1:10; 엡 6:5,6] 순수하게 하나님 사랑으로 행하는 것이라고 했다.

그는 기도의 시간이 다른 시간들과 달라야 한다고 생각하는 것은 큰 착각이라고 했다. 우리는 기도할 때에 기도함으로써 하나님을 가까이 하듯이, 행동할 때에 행동함으로써 하나님을 가까이 함이 마땅하다고 그는 말했다.

기도와 하나님의 임재

그에게 기도란 다름 아닌 하나님의 임재를 의식하는 것이었다. 하나님의 임재를 느낄 때 그의 영혼은 하나님의 사랑 외에 다른 모든 것에 대해서는 무감각하였다. 정해진 기도 시간이 지나갔어도 아무런 차이를 발견하지 못했으니, 이는 그가 여전히 하나님과 함께 머물면서 온 힘을 다해 하나님을 송축할 수 있었기 때문이다. 그는 지속적인 기쁨 속에서 일생을 보냈다. 하지만 하나님께서 그에게 얼마간의 고통을 주시기를 바라기도 했다. 그럴 때에 더욱 강해질 것이라 여겼기 때문이다.

우리는 단번에 전심으로 하나님을 신뢰해야 하며, 우리 자신을 전적으로 그분에게 맡겨 복종시키고, 그분이 결코 우리를 속이시지 않으신다고 확신해야 한다.

로렌스 형제는 우리가 하나님 사랑 때문에 작은 일들을 행할 때에도 싫증내지 말아야 한다고 했다. 하나님은 일의 크기가 아니라, 그 일을 수행하는 사람의 사랑을 평가하시기 때문이다. 처음에는 우리가 노력하여도 자주 실패하는 것을 이상하게 여기지 말아야 한다. 마침내 우리는 습관을 얻을 것이고, 습관은 우리가 의식하지 못하는 사이에 자연스럽게 우리의 삶에서 행동의 열매를 맺을 것이며, 큰 기쁨을 얻도록 해 줄 것이다.

신앙의 본질

신앙의 본질은 믿음, 소망, 그리고 사랑이다. 그것을 실천함으로써 우리는 하나님의 뜻과 일치하게 된다. 그 외의 모든 것은 대수롭지 않으며, 우리가 목적에 이르는데 수단으로 활용될 뿐이다. 목적에 이르면, 수단은 믿음과 사랑에 의해 삼켜진다.

로렌스 형제는 믿는 자에게는 모든 것이 가능하고, 소망하는 자에게는 모든 것이 덜 어려워지며, 사랑하는 자에게는 모든 것이 더 쉬워진다고 했다. 더 나아가 이런 덕목들을 실천하면서 인내하는 자에게는 모든 것이 훨씬 더 쉬워진다고 했다.

우리가 우리 자신에게 제시해야 하는 목적은, 우리가 영원토록 소망하는 바와 같이, 이 땅의 삶에서도 하나님을 향한 온전한 예배자가 되는 것이다.

자기 평가

로렌스 형제는 우리가 영적인 생활을 시작할 때에 우리가 누구인지 밑바닥까지 깊이 생각하고 점검해보아야 한다고 말했다. 우리는 우리 자신이 매우 경멸할 만하고, '그리스도인'이라는 이름을 가지기에 합당하지 못하며, 모든 종류의 불행을 당하기 쉽고, 우리를 괴롭히고 우리의 건강 및 내적 외적 체질에도 지속적인 후유증을 남기는 수많은 사고들에 노출된 존재임을 깨달아야 한다고 했다. 요컨대, 우리는 내적으로나 외적으로, 많은 아픔과 수고에 의해 하나님께서 겸손히 낮추셔야 하는 존재임을 깨달아야 한다고 했다. 그런 후에도, 우리는 고난들과 유혹들 및 다른 사람들로부터의 반대와 배척이 우리에게 일어나는 것을 이상하게 여기지 말아야 한다. 오히려 우리는 그런 어려움들을 당할 때 우리 자신을 낮추어야 하고, 하나님이 원하시는 동안 그것들을 인내해야 하며, 그런 일들이 우리에게 커다란 유익인 것처럼 간주해야 한다.

한 영혼이 온전함을 갈망하는 정도가 크면 클수록, 그 영혼이 하나님의 은혜에 의존하는 정도 역시 더욱 커진다.

개인적인 경험의 에피소드

[다음의 소소한 일들은 로렌스 형제와의 대화에서 모은 것들이다.]

한 번은 그가 속한 공동체의 누군가로부터 (로렌스는 자기를 그 사람에게 열어보여야 했다) 어떻게 지속적으로 하나님을 의식하기에 이르렀는지에 대한 질문을 받았다. 그 질문에 대해, 그가 처음 그 수도원에 온 이래로 그는 하나님을 모든 생각과 갈망의 목적으로, 또한 그가 향할 푯대이자 종착지가 되는 분으로 간주해왔다고 대답했다.

수습기간 초기에, 그는 개인 기도를 위해 지정된 시간들을 하나님을 생각하면서 보냈다. 이는 그가 하나님의 존재를 마음으로 확신하고, 그 확신을 마음에 깊이 새기기 위해서였다. 그는 학문적인 추론이나 정교한 고찰보다는, 경건한 생각과 믿음의 빛에 의존함으로써 그렇게 하길 원했다. 이처럼 단순하고 확실한 방법으로, 그는 하나님을 아는 지식과 사랑에서 스스로를 훈련했다. 그는 지속적으로 하나님의 임재 의식 속에 살고자 최대한 노력했으며, 할 수만 있다면, 그분을 한순간도 잊어버리지 않고자 하였다.

그가 기도 중에 무한하신 하나님의 존재로 인한 큰 감동으로 마음이 충만했을 때, 그는 지정된 일을 하러 주방으로 갔다. 그가 그 수도회의 요리사였기 때문이다. 거기서 그는 우선 자신의 임무에서 요구되는 일들을 곰곰이 생각하면서, 각각의 일들을 언제 어떻게 처리해야 하는지를 정리하였다. 그리고 일하는 중간에도, 일을 시작하기 전이나 마친 후에 그런 것처럼, 기도로 틈틈이 시간을 보냈다.

일을 시작할 때에, 그는 자녀로서의 신뢰를 가지고 하나님께 아뢰었다. "오 나의 하나님, 주께서 저와 함께 계십니다. 이제 저는 당신의 명령에 복종하여, 저의 정신을 이런 외적인 일들에도 기울여야 합니다. 주님께 간청하오니, 저에게 은혜를 허락하사 계속하여 당신의 임재 속에 거하게 하소서. 이 목적을 위해 당신의 도우심으로 저를 형통하게 하시고, 제 모든 일을 받으시고, 제 모든 애정을 간직하소서."

일을 진행하는 동안, 은혜를 간청하기도 하고, 주의 모든 행사들로 인해 찬양을 드리기도 하면서, 그는 계속해서 자신의 창조주와 친밀한 대화를 이어갔다.

일을 마쳤을 때, 그는 어떻게 책임을 다 이행하게 되었는지 스스로

점검해보았다. 만일 일이 잘된 것을 발견하면 하나님께 감사의 기도를 올려 드렸으며, 그렇지 못했다면, 용서를 구하였다. 하지만 그런 경우에도 그는 실망에 빠지지는 않았다. 그는 다시 정신을 가다듬고, 마치 하나님의 임재에서 벗어나지 않았던 것처럼, 다시금 하나님의 임재 연습을 지속하였다.

그는 이렇게 말했다. "넘어진 후에 일어섬으로써, 그리고 빈번하게 믿음과 사랑의 행위들을 새롭게 함으로써, 나는 지금의 상태에 이르게 되었습니다. 처음에는 하나님을 생각하는 습관을 가지기가 힘들었지만, 이제는 오히려 하나님을 생각하지 않는 것이 힘들게 되었습니다."

로렌스 형제가 하나님의 임재 안에서 행하여 큰 유익을 얻는 법을 발견하면서, 진지하게 다른 사람들을 권면하는 것이 자연스러운 일이 되었다. 하지만 그의 본보기는 그가 제시하는 권고보다 더욱 강력한 자극제였다. 얼굴 표정 자체가 덕을 세우고, 표정에서 나타나는 즐겁고도 온화한 신앙심이 보는 이에게 영향을 미치지 않을 수 없었다. 주방에서 일이 가장 바쁠 때에도 그런 표정이 목격되었고, 그는 여전히 마음의 평온과 경건을 유지할 수 있었다. 그는 결코 서두르지 않았고 늑장을 부리지도 않았다. 매사를 때에 맞추어서 했고, 일하는 중에 마음의 평정과 침착함을 잃지 않았다.

그는 이렇게 말했다. "나에게는 일하는 시간이 기도의 시간과 다르지 않습니다. 여러 사람들이 동시에 여러 가지를 요청하는 주방의 소음과 어수선함 속에서, 나는 마치 복된 성찬식에서 무릎을 꿇고 있을 때와 마찬가지로, 큰 평온 속에서 하나님을 의식합니다."

2부

편지들

첫 번째 편지

어떻게 하나님의 임재 의식이 습관화되었는가?

어떻게 하나님의 임재를 습관적으로 의식하는 단계에 이르게 되었는지, 당신은 저에게서 그 방법을 듣기를 간절히 원했지요? 그것은 우리 주님께서 은혜로 허락하신 것입니다. 아주 어려운 문제이지만, 당신의 끈질긴 요청에 어쩔 수 없이 말씀드리겠습니다. 하지만 내 편지를 누구에게도 보여주지 않는 것을 조건으로 달겠습니다. 만약 당신이 이 편지를 다른 사람들에게 보여주려는 의도를 가졌고, 내가 그것을 알았다면, 아마 나는 비록 당신의 영적 진보를 바라더라도, 이런 말을 들려줄 결심을 하지 못했을 것입니다. 내가 당신에게 들려줄 수 있는 설명은 이것입니다:

많은 책들에서 하나님께 가는 다양한 방법들과, 영적인 삶을 위한 다양한 실천들을 찾아보았지만, 나는 그것이 내가 추구하는 것을 돕기보다는 오히려 나를 당혹스럽게 할 뿐이라고 생각했습니다. 내가 추구한 것은 단순히 "어떻게 하면 온전히 하나님의 소유가 될 수 있을까?" 하는 문제였습니다.

그 갈망은 나로 하여금 모든 것 되시는 분을 위해 모든 것을 드리고자 결심하게 만들었습니다. 그래서 나 자신을 온전히 하나님께 드렸습니다. 그런 다음, 나는 할 수 있는 한 나의 모든 죄들을 속죄하려고, 또 하나님을 사랑하려고, 그분 외에 모든 것을 단념하였습니다. 그리고 세상에 그분과 나 외에는 아무것도 없는 것처럼 여기며 살기 시작했습니다. 때때로 나는 그분 앞에서 나 자신을, 마치 심판대 아래에 있는 한 가련한 범죄자로 인식했습니다. 또 어떤 때에는 그분을 내 마음속에서, 내 아버지, 내 하나님으로 바라보았습니다. 나는 가능한 한 자주 그분께 경배했고, 그분의 거룩한 임재 안에서 내 마음을 지켰습니다. 그리고 내 마음이 그분에게서 멀어져 배회하는 것을 발견할 때마다 그분의 임재를 다시 떠올렸습니다. 이 훈련에는 적지 않은 고통이 있음을 알았습니다. 하지만 나는 멈추지 않고 지속했습니다. 발생하는 모든 어려움들을 무릅쓰고, 본의 아니게 내 마음이 빗나갈 때에도 스스로를 괴롭히거나 조바심을 치지는 않았습니다. 나는 이 훈련을 내 일로 삼았고, 마치 하루 전체가 정해진 기도 시간인 것처럼 여겼습니다. 때마다, 매 시간, 매 분, 심지어 한창 일에 열중할 때에도, 내 머릿속에서 하나님에 대한 생각을 방해하는 모든 것을 쫓아냈습니다.

그것은 내가 신앙생활로 들어선 이래로 줄곧 지속된 일상의 훈련이었습니다. 비록 그런 훈련이 매우 불완전했지만, 나는 거기에 큰 유익이 있음을 발견했습니다. 이런 일들은 순전히 하나님의 긍휼과 인자하심 탓으로 돌려야 하는 것임을 나는 잘 알고 있습니다. 왜냐하면 그분을 떠나서는 우리가 아무것도 할 수 없기 때문입니다. 나는 여전히 어느 누구보다 작은 자입니다. 하지만 우리가 그분의 거룩한 임재 속에 신실하게 거하고, 그분을 항상 우리 앞에 모시기만 한다면, 우리는 적어도 의도적으로 그분을 노엽게 하거나 불쾌하게 만드는 어떤 일도 하지 않게 될 것입니다.

더 나아가, 그런 삶은 우리 속에 거룩한 자유를, 달리 표현한다면, 하나님과의 친밀감을 불러일으킵니다. 그 자유와 친밀감으로 우리는 필요한 은혜를 요청하고, 구하는 은혜를 성공적으로 얻는 것입니다. 결국, 이런 연습을 자주 되풀이함으로써, 그것은 습관이 되고, 하나님의 임재는 우리에게 자연스러운 일이 될 것입니다. 나와 함께, 내게 큰 인자를 베푸신 하나님께 감사드리지 않겠습니까? 내게 베푸신 그분의 인자를 나는 어떤 말로도 충분히 표현하지 못합니다. 많은 은혜의 일들을 나와 같이 비천한 죄인에게 행하신 그분을 찬양합니다.

모든 만물아 그분을 찬양할지어다. 아멘.

두 번째 편지

그와 다른 사람들의 차이

나는 내 삶의 방식을 책에서 발견한 것이 아닙니다. 이런 문제로 내가 곤란을 느끼진 않지만, 더 큰 유익과 안전을 위해, 이 문제와 관련하여 당신의 생각을 알게 된다면 기쁠 것입니다.

일전에 어떤 경건한 사람과의 대화에서, 그는 내게 영적인 삶이란 은혜의 삶이라고 말했습니다. 은혜의 삶이란 비천한 두려움에서 시작하여, 영생의 소망으로 자라나고, 순수한 사랑에 의해 원숙한 지경에 이른다고 했지요. 이런 상태들은 각기 다른 단계들을 내포하고 있으며, 그 단계들에 의해 마침내 원숙함에 이르게 된다는 것입니다.

나는 그 방법들을 따르지 않았습니다. 오히려 나는 그 방법들이 나를 낙심하게 하는 것을 발견했습니다. 그런 이유 때문에, 수도원에 들어가면서, 나는 지은 죄들에 대한 최선의 참회로서 그리고 하나님 사랑을 위하여, 나 자신을 하나님께 바치고 다른 것들을 모두 버리기로 결심했습니다.

시종일관 오직 믿음으로

처음 수년 동안, 정해진 기도 시간 동안에, 대개 나는 죽음, 심판, 지옥, 천국, 그리고 나의 죄들에 대한 생각에 몰두했습니다. 그렇게 몇 년을 지속하면서, 하루 중 나머지 시간에도, 심지어 한창 일하는 중에도, 조심스럽게 하나님의 임재에 열중하게 되었습니다. 나는 그분을 항상 나와 함께하시는 분으로, 종종 내 안에 계시는 분으로 인식하였습니다.

마침내 나는 일부러 의식하지 않고도, 정해진 기도 시간에 하던 일을 일상 시간에도 할 수 있게 되었습니다. 그것이 내게 큰 기쁨과 위안을 주었습니다. 이런 연습은 내 속에 하나님을 크게 존중하는 마음을 불러일으켰고, 바로 그 점에서 오직 믿음만이 나를 만족하게 할 수 있었습니다.

이런 상태가 망상이라고 간주되는 것을 반박하다

나의 시작은 그러했습니다. 하지만 당신에게 말해야 할 것이 있는데, 내가 처음 십 년 간 많은 어려움을 겪었다는 것입니다. 내가 원하는 만큼 하나님께 헌신되지 못했다는 인식, 과거의 죄들이 항상 내 머릿속을 떠나지 않았고, 공로 없는 자에게 베푸시는 하나님의 크신 은혜가 내 고민의 문제이자 원천이기도 했습니다. 그 당시 나는 자주 넘어졌다가 일어서기를 반복했습니다. 피조물들과 이성과 심지어 하나님마저도 나를 반대하시는 듯했고, 오직 믿음만 내 편이 되었습니다. 나는 이따금, 내가 받은 은혜에 대해서, 즉 다른 사람들이 어렵게 도달하는 상태에 내가 즉시로 들어가는 은혜를 받았다고 믿는 것이, 주제넘은 억측의 결과가 아닌가라는 생각에 빠져 고민했습니다. 어떤 때에 그것은 제멋대로의 기만일 뿐, 나에게 구원이 없다고 여긴 것입니다.

일생을 그런 고민 중에 보내다 마칠 것이라고만 생각하고 있었는데 (그것이 하나님께 대한 믿음을 전혀 감소시키지 않았고, 오히려 믿음을 증대시키는데 이바지하였습니다), 어느 순간 내 모든 것이 변한 것을 발견했습니다. 당시 근심에 빠져 있던 내 영혼은, 비로소 심오한 내적 평화를 느꼈습니다. 마치 그것이 내 중심에서 안식의 자리를 발견한 것만 같았습니다.

그 때 이후로 줄곧, 나는 하나님 앞에서 행했습니다. 단순하게, 믿음으로, 겸손과 사랑으로 그분 앞에서 살았습니다. 그리고 나 스스로의 힘으로 무언가를 하려고 애쓰지 않았고, 그분을 불쾌하게 만들 만한 그 어떤 것도 생각하지 않았습니다. 내가 바라는 것은, 내 편에서 할 수 있는 일을 행했을 때, 하나님께서 그의 기뻐하시는 일을 나와 함께 행하시는 것입니다.

지금 내 속에서 일어나는 일에 대해, 나는 제대로 표현할 수 없습니다. 나는 내 상태에 대해 고통이나 불편이 없습니다. 왜냐하면 내게는 하나님의 뜻 외에 바라는 것이 없기 때문입니다. 나는 모든 일에서 그분의 뜻을 이루려 애를 쓰고, 그분의 뜻에 나 자신을 맡깁니다. 그래서 그분의 뜻에 어긋나는 것이라면 나는 땅에서 지푸라기 하나를 집어올리는 것도 원하지 않습니다. 순수하게 하나님을 향한 사랑의 동기가 아니라면, 나는 아무것도 행하길 원하지 않습니다.

나는 내 위치에 따라 당연히 해야 하는 것을 제외하고는, 모든 형태의 예배나 정해진 기도를 그만두었습니다. 나는 그저 하나님의 거룩한 임재 안에서 인내하는 것을 내 일로 삼으며, 그 임재 속에서 나 자신을 지켜 단순하게 하나님께 주의를 기울이며, 애정을 품고 주목합니다. 나는 그런 상태를 하나님의 실제적인 임재라고 부를 수 있습니다. 또는, 좀 더 잘 표현해보자면, 하나님과 나누는 '습관적인, 무언의, 은밀한 영혼의 대화'라고 부를 수 있습니다. 그것은 자주 내 속에 내면적인 기쁨과 환희를 불러일으키며, 때로는 외면적으로도 그렇습니다. 그 기쁨이 너무 크기 때문에, 나는 그것이 다른 사람들에게 드러나지 않도록 좀 누그러뜨릴 수단을 사용해야 할 때가 있습니다.

간단히 말해, 나는 모든 의심을 넘어 확신에 이르게 되었고, 내 영혼은 삼십년 이상 하나님과 동행해 오고 있습니다. 그동안 많은 일들을 겪었습니다. 긴 얘기로 당신을 지루하게 만들고 싶진 않지만, 하나님 곧 내가 나의 왕으로 바라보는 분 앞에서 내가 어떤 식으로 나 자신을 간주하고 있는지 당신에게 말해주는 것이 좋을 듯합니다.

나는 나 자신을 가장 비천한 사람이요, 상처와 부패로 가득한 사람으로 간주합니다. 자기 왕을 거역하여 모든 종류의 범죄를 저질렀던 자이지요. 큰 후회가 몰려와 나는 그분에게 모든 악을 시인하였고, 그분의 용서를 구했으며, 그분의 뜻대로 행하시도록 나를 그분의 손에 맡겼습니다. 긍휼과 인자가 풍성하신 이 왕은 저를 벌하시기는커녕 오히려 사랑으로 감싸주셨고, 나로 하여금 그분의 식탁에서 먹게 하시고, 친히 그 손으로 나를 섬겨주셨으며, 그분의 보고(寶庫)의 열쇠를 내게 주셨습니다. 그분은 끊임없이 나와 대화를 나누며 기뻐하셨고, 수천수만 가지의 방식으로, 모든 면에서 나를 그분의 소중한 존재로 대해주셨습니다. 그리하여 나는 이따금 나 자신이 그분의 거룩한 임재 안에 있다고 여겼습니다.

나의 가장 통상적인 방식은 이처럼 단순한 '바라봄'입니다. 하나님을 너무나 간절히 사모하기에, 종종 그분과 아주 밀착되어, 어머니 품에 안긴 아이보다 더 큰 안위와 기쁨을 얻는 나 자신을 발견합니다. 그러므로 혹 내가 이런 대담한 표현을 쓸 수 있다면, 나는 이 상태를 하나님의 품에 안긴 상태라고 부르고 싶습니다. 거기서 말로 표현할 수 없는 달콤함을 맛보고 경험하기 때문입니다.

때때로 어떤 필요한 업무나 연약함으로 인해 내 생각이 그분의 임재에서 떠나 배회할 때, 나는 곧바로 내면의 움직임에 의해 생각을 환기합니다. 그 내면의 움직임은 너무나 매혹적이고 감미롭지만, 부끄러워 그것들을 언급하기는 곤란합니다.

나는 당신이 하나님께서 내게 행하신 큰 은혜의 일들보다는, 차라리 당신이 익히 알고 있는 나의 천함에 대해 숙고하기를 바랍니다. 하나님의 은혜를 받기에 나는 전적으로 무가치하며 감사할 줄 모르는 사람이었기 때문입니다.

정해진 기도의 시간들에 대해 말하자면, 그것들은 단지 동일한 연습의 연장에 불과합니다. 때때로 나는 그곳에서 마치 조각가 앞에 놓여 있는 하나의 돌이라고 간주합니다. 그것으로 그는 조각상을 만들겠지요. 그렇게 나는 나 자신을 하나님 앞에 드리면서, 그가 내 영혼 속에 그의 완벽한 형상을 만드시기를, 나로 하여금 온전히 그를 닮게 해주시기를 갈망합니다.

또 어떤 때에는, 기도를 드리면서, 아무런 걱정과 애씀도 없이, 내 모든 영과 혼이 저절로 높이 고양되는 것을 느낍니다. 그 상태가 지속되다가 마치 하나님 앞에서 멈추어 확고하게 고정된 듯합니다. 하나님의 임재의 한가운데에서 안식의 자리를 발견한 듯이 말입니다.

나는 이 상태에 대해 비활동, 망상, 자기애라고 여기며 약간의 비난이 있다는 것을 압니다. 나는 그것이 거룩한 비활동(inactivity)이며, 행복한 자기애(self-love)일 수 있음을 인정합니다. 왜냐하면 만약 가능하기만 하다면, 영혼은 그러한 평온의 상태에서, 전에 익숙했던 방식의 활동들에 의해 방해를 받을 수 없기 때문입니다. 전에는 그런 활동들이 마음을 지탱하는데 도움을 주었을지 모르나, 이제는 도움이 되기보다 오히려 방해가 되기 때문입니다.

하지만 나는 이런 상태가 망상이라고 불리는 것은 참을 수 없습니다. 왜냐하면 하나님을 즐거워하는 영혼은 그 상태에서 그분 외에 아무것도 바라지 않기 때문입니다. 만약 이런 것이 망상이라면, 그것을 고치는 것은 하나님께 속한 것입니다. 나는 그분이 내게 원하시는 일을 행하시도록 맡깁니다. 나는 오직 그분만 바라며, 온전히 그분께 헌신되기를 원합니다.

하지만 당신이 의견을 보내주신다면 감사하겠습니다. 나는 항상 당신의 견해에 경의를 표합니다. 나는 신부님께 특별한 존경의 마음을 품고 있으며, 우리 주 안에서 당신의 지체이기 때문입니다.

세 번째 편지

하나님을 신뢰하도록 로렌스 형제가 격려했던 한 병사에게

우리에게는 한없이 은혜로우시고 우리의 모든 필요를 아시는 하나님이 계십니다. 나는 그분이 당신을 큰 궁지에 몰리게 하실 거라고 항상 생각했습니다. 그분은 자기 때에 오실 것이며, 당신은 그 때를 전혀 예상하지 못합니다. 다른 어느 때보다 그분을 간절히 바라십시오. 그분이 당신에게 베푸시는 호의를 생각하며 감사합시다. 특히 그분이 환난에 처한 당신에게 불굴의 용기와 인내를 주시는 것에 대해 감사합시다. 그것은 그분이 당신을 돌보신다는 명백한 표시입니다. 그러므로 그것으로 위안을 삼으며, 범사에 그분에게 감사하십시오.

나는 또한 ○○ 씨의 꿋꿋함과 용기를 칭찬합니다. 하나님은 그에게 좋은 성향과 선한 의지를 주셨습니다. 하지만 그에게는 여전히 약간의 세상적인 요소와 청년의 기질이 다분히 있습니다. 나는 하나님이 그에게 보내신 환난이 그에게 좋은 치료제인 것이 입증되어, 그가 자신을 성찰할 수 있게 되기를 바랍니다. 그에게 일어난 사고는 그로 하여금 전적으로 하나님을 신뢰하도록 만들기에 아주 적절했습니다. 하나님은 어디에서든 그와 동행하십니다. 그로 하여금 가능한 자주, 특히 가장 큰 위험 중에서, 하나님을 생각하도록 도와주십시오. 마음을 조금 고양시키는 것으로도 충분합니다. 하나님을 기억하는 것과 내적인 경배는, 비록 행진 중에서 손에 칼을 들고 있더라도, 그 자체로 기도입니다. 아무리 짧아도, 그것은 하나님께 기꺼이 받아들여집니다. 그것은 위험에 처한 상황에서도 병사의 용기를 약화시키지 않으며, 오히려 그것을 강화하는데 최상의 도움이 됩니다.

그로 하여금 할 수 있는 최선을 다해 하나님을 생각하게 하십시오. 점차로, 그가 작지만 거룩한 이 연습에 스스로 익숙해지도록 하십시오. 아무도 그것을 인식하지 못하니, 하루 중에 이러한 내적 경배를 자주 반복하는 것만큼 쉬운 일은 없습니다. 여기에 언급된 지침을 따라 그가 최대한 하나님을 생각하도록 그를 권면하십시오. 이 연습은 날마다 목숨의 위험에 노출되고 또 자주 구원을 경험하는 병사에게는 아주 적절하고도 필요한 일입니다. 내가 섬기는 하나님께서 그와 그곳의 모든 가족들을 도우시기를 바랍니다.

그들과 당신의 형제로부터.

네 번째 편지

이 편지에서 로렌스 형제는 자기를 3인칭으로 서술하며, 수신자에게 하나님의 임재 연습에 더욱 매진하도록 격려한다

나는 이번 기회에 우리 수도회의 일원인 한 형제의 소감에 대해 전하고자 합니다. 그의 소감은 주로 그가 하나님의 임재로부터 얻은 경탄할 만한 결과들과 지속적인 도움에 관한 것입니다. 이를 통해 당신과 내가 모두 유익을 얻기를 바랍니다.

먼저 당신이 알아야 할 것은 그가 지난 사십년 이상을 지속해 온 관심에 관한 것입니다. 그의 관심은 항상 하나님과 함께 지내고, 그분을 노엽게 만드는 것이라면 아무것도 하지 않고, 아무 말도 하지 않으며, 아무것도 생각하지 않는 것이었습니다. 그의 이러한 태도는 순수하게 하나님을 사랑하고자 하는 동기에서 비롯되었습니다. 하나님은 그런 사랑을 받으시기에 지극히 합당하신 분이기 때문입니다.

그는 이제 하나님의 임재에 너무나 익숙해져서, 그 임재로부터 매사에 끊임없는 도움을 얻습니다. 약 삼십년 이상, 그의 영혼은 지속적

인 기쁨으로 가득 차 있었습니다. 때로는 그 기쁨이 너무나 커서, 그것이 외적으로 드러나지 않도록, 수단들을 활용하여 그것을 누그러뜨려야 할 정도입니다.

때때로 그에게서 하나님의 임재의 부재가 얼마간 지속되는 경우, 하나님께서는 이내 그의 영혼 속에서 그분 자신이 느껴지도록 만드셨고, 그의 생각을 환기시켰습니다. 그런 일은 그가 외적인 일로 분주할 때에도 자주 일어났습니다. 그는 이러한 내적인 이끄심에 충실하게 반응합니다. 하나님을 향해 마음을 고양시키거나, 온순하고 다정한 마음으로 그분을 생각하거나, 또는 각각의 경우에 어울리는 사랑의 표현을 하기도 하지요. 예를 들자면, "나의 하나님, 제가 여기 있습니다. 나는 온전히 당신께 바쳐진 자입니다. 주여, 저를 빚어 당신의 마음을 닮게 하소서" 등의 표현들이지요. 그러면 사랑의 하나님께서는 몇 마디 말씀으로 그를 만족하게 하시고, 다시 안심하게 하시며, 그로 하여금 영혼 깊은 곳에서 안식을 누리게 하시는 듯합니다(실제로 그는 그것을 느낍니다). 이런 경험들은 그에게 하나님이 언제나 그의 영혼 깊은 곳에 계시다는 큰 확신을 주며, 어떤 경우에도 그분의 임재를 의심할 수 없게끔 만듭니다.

그가 자기 속에 있는 커다란 보화를 지속적으로 발견함으로써 얼마나 큰 만족을 누리는지를 판단해 보십시오. 그는 더 이상 다른 보화를 찾으려 애쓰지 않습니다. 보화는 그의 앞에 놓여 있고, 그는 얼마든지 그것을 취할 수 있습니다.

그는 우리의 눈먼 것에 대해 크게 한탄하며, 종종 그토록 보잘것없는 것을 가지고 스스로 만족하는 우리를 불쌍히 여기시도록 부르짖어 기도합니다. 그는 이렇게 말합니다. "하나님은 우리에게 주실 무한한 보화를 가지고 계시며, 우리는 잠시 동안의 분별 있는 기도로 그것을 얻을 수 있다. 우리가 얼마나 눈먼 자들인지! 우리는 하나님을 제한하고, 그분의 은혜의 흐름을 막아버리고 있다. 하지만 하나님께서 살아 있는 믿음을 가진 영혼을 발견하실 때, 그분은 그 속에 은혜와 호의를 넘치도록 부어주신다. 그 영혼 속에서 은혜는 큰 물결처럼 흐른다. 그 흐름을 강제로 막는다고 해도, 잠시 후 물은 다시 흐르는 길을 찾고, 세차고 풍성하게 사방으로 퍼져간다."

그렇습니다. 우리는 종종 이 흐름을 막습니다. 별 가치 없는 것들 때문에 우리가 그것을 막는 것입니다. 하지만 더 이상 그 흐름을 막지 않도록 합시다. 우리 자신들 속으로 들어가 물길을 막는 둑을 허물어뜨립시다. 은혜를 위하여 길을 내도록 합시다. 잃어버린 시간을 만회합시다. 어쩌면 우리에게 남은 시간은 아주 짧고, 죽음이 우리 가까이에서 따르고 있습니다. 죽음에 잘 준비되어 있어야 합니다. 우리는 한 번 죽지만, 이 문제에서 실패는 돌이킬 수 없기 때문입니다.

다시 말하지만, 우리 스스로를 살피도록 합시다. 시간이 촉박하고, 지체할 여유가 없습니다. 우리의 영혼이 위태롭습니다. 나는 당신이 아주 효과적인 대책을 강구하였으므로 놀라지 않을 것이라고 믿습니다. 그 점에 대해 나는 당신을 칭찬합니다. 그것은 꼭 필요한 일입니다. 하지만 우리는 항상 그 일에 매진해야 합니다. 영적인 삶에서 진보하지 않는 것은 곧 퇴보하는 것이기 때문입니다. 하지만 성령의 순풍을 탄 사람은 자면서도 전진할 수 있습니다. 만약 우리 영혼의 배가 바람과 폭우에 여전히 흔들린다면, 배에서 쉬고 계시는 주님을 깨웁시다. 그러면 그분이 속히 바다를 잠잠하게 하실 것입니다.

　내가 당돌하게도 이런 소감들을 나누는 이유는, 당신이 스스로 비교해보도록 하기 위함입니다. 그것이 당신의 마음이 다시 불붙어 타오르게 하는 데 도움이 될 것입니다. 만약 우리 마음이 냉담해진다면, 비록 그것이 사소하게 보여도, 그것은 실로 크나큰 불행이 아닐 수 없습니다. 그러므로 우리 모두 처음의 뜨거움을 되살리도록 합시다. 이 형제의 본보기와 소감을 통해 유익을 얻도록 합시다. 이 형제는 세상에서 거의 알려지지 않았지만, 하나님께는 알려진 자요, 그분에게 큰 총애를 받는 자입니다. 나는 당신을 위해 기도할 것입니다. 당신도 우리 주 안에서 당신의 지체인 저를 위해 기도해주시길 부탁합니다.

다섯 번째 편지

곧 성직 서약을 하게 될 자매를 위한 기도

나는 오늘 ○○ 자매로부터 두 권의 책과 한 통의 편지를 받았습니다. 그 자매는 성직 서약을 준비하는 중이며, 그 때문에 당신이 봉직하는 수도원의 기도와 특별히 당신의 기도를 바라고 있습니다. 나는 그녀가 당신과 수도원의 기도에 많은 기대를 걸고 있음을 알 수 있습니다. 바라건대 그녀를 실망시키지 말아주십시오. 그녀가 오직 하나님 사랑의 관점에서만 자기를 헌신할 수 있도록, 그리고 확고한 결심으로 그분께 온전히 자기를 바칠 수 있도록 은총을 빌어주십시오.

나는 그 책들 중 한 권을 당신께 보낼 것입니다. 그 책은 하나님의 임재를 다루고 있으며, 내 의견에, 그 주제는 전반적인 영적인 삶을 포괄하는 것입니다. 누구든지 적절히 그 책에 따라 실천한다면 곧 영적인 사람이 될 것으로 보입니다.

내가 알기로, 영적 삶의 올바른 실천을 위해서는, 마음에서 다른 모든 것들이 비워져야 합니다. 왜냐하면 하나님께서는 오직 마음만을 소유하길 원하시기 때문입니다. 다른 것들이 비워지지 않으면 하나님은 마음을 소유하실 수가 없고, 마음에서 활동하실 수 없고, 그 속에서 그분이 기뻐하시는 일을 행하실 수 없기 때문입니다. 그러므로 마음은 그분을 향해 비워져 있어야 합니다.

하나님과 지속적으로 대화를 나누는 삶보다 더 달콤하고 즐거운 삶은 세상에 없습니다. 오직 그것을 실천하고 경험하는 자들만이 그걸 이해할 수 있습니다. 하지만 나는 그런 동기 때문에 그렇게 행하라고 권하지 않겠습니다. 우리가 경건의 연습에서 추구해야 할 것은 즐거움이 아닙니다. 오히려 우리는 사랑의 원리에서 행해야 합니다. 하나님은 우리 자신을 소유하길 원하시기 때문입니다.

하나님의 임재 연습의 필요성과 가치에 대한 신선한 주장

내가 만약 설교자라면, 나는 다른 무엇보다 하나님의 임재 연습에 대해 전하고 싶습니다. 또 내가 만약 감독이라면, 나는 온 세계가 그렇게 하도록 권할 것입니다. 그 정도로 나는 그것이 꼭 필요하고, 또한 아주 쉽다고 생각합니다.

아아! 우리가 하나님의 은혜와 도우심을 얻는 일에서 얼마나 결핍되었는지를 안다면, 그분을 결코 시야에서 놓쳐서는 안 됩니다. 오, 한순간도 그분을 놓쳐서는 안 됩니다. 내 말을 믿으십시오. 지금 즉시 거룩하고 확고한 결심을 하여, 다시는 그분을 의도적으로 잊지 않도록 할 것이며, 당신의 남은 날들을 그분의 거룩한 임재 안에서 보내도록 해야 할 것입니다. 하나님 사랑을 위해서라면, 만약 하나님이 합당하다고 여기시면, 다른 모든 위로들을 잃어버릴 각오를 하시기 바랍니다.

성심성의껏 이 일을 시작하시기 바랍니다. 그 일을 제대로 한다면, 곧 그 효과들을 발견할 것이라고 확신을 가지십시오. 비록 빈약한 기도일지라도, 나는 기도로 당신을 지원할 것입니다. 저를 위하여 당신과 수도회 형제들이 기도해 주시기를 진심으로 부탁합니다.

여섯 번째 편지

그에게서 책을 받은 수도회의 한 지체에게, 그가 즐겨 다루는 주제를 다시 상세히 설명하다

부인 편으로 당신이 전해주신 물건들을 잘 받았습니다. 일전에 내가 당신에게 작은 책자를 보냈었고, 당신은 틀림없이 그것을 받았을 터인데, 아직 그 책에 관해 당신의 생각을 알려주시지 않아 궁금합니다. 허심탄회하게 호소하자면, 당신이 비록 고령이지만 하나님의 임재 연습을 실천하시기를 바랍니다. 늦더라도 하지 않는 것보다는 낫습니다.

나는 소위 믿는다는 사람들이 어떻게 하나님의 임재 연습 없이도 만족하게 살 수 있는지 상상조차 할 수 없습니다. 나는 할 수 있는 한 조용히 물러서서, 내 영혼 깊은 중심에서 그분과 함께 머물려고 노력합니다. 그분과 함께 있는 동안 나는 아무것도 두렵지 않습니다. 조금이라도 그분과 떨어져 지내는 것을 나는 견딜 수 없습니다.

이 연습은 몸을 많이 피곤하게 만들지 않습니다. 하지만 때때로, 아니 종종, 비록 그 자체로는 무해하고 합법적이라 할지라도, 몸이 누릴 수 있는 많은 사소한 즐거움들을 빼앗는 것이 적절합니다. 왜냐하면 하나님께서는 전적으로 그분에게 바쳐지기를 원하는 영혼이 그분 말고 다른 향락들에 빠지는 것을 허락하지 않으실 것이기 때문입니다. 이는 아주 사리에 맞는 말입니다.

그렇다고 우리 자신을 과도하게 억제하라는 건 아닙니다. 그렇지 않습니다. 우리는 거룩한 자유로 하나님을 섬겨야 하고, 고통이나 불안 없이, 신실하게 우리의 일을 감당해야 합니다. 종종 우리의 생각이 그분에게서 멀어져 배회할 때, 온순하고 침착하게 다시 하나님께 향하도록 해야 합니다.

인내를 위한 격려

하지만 하나님을 전적으로 신뢰하는 것이 필요합니다. 다른 모든 염려들을 한쪽으로 제쳐두고, 심지어 그 자체로는 매우 선한 것이어도 어떤 특정한 형태의 기도들마저 제쳐둘 필요가 있습니다. 어떤 이는 종종 과도하게 기도의 형식에 몰두합니다만, 그것은 단지 목적에 이르는 수단이기 때문입니다. 우리가 하나님의 임재 연습에 의해 우리의 목적 자체이신 그분과 함께 있을 때, 수단들로 돌아가는 것은 무용합니다. 우리는 그분의 거룩한 임재 안에서 인내할 수 있습니다. 어떤 경우엔 찬양과 예배의 행위로, 또 어떤 경우엔 소원을 올려 드리는 행위로, 또 어떤 경우엔 묵묵한 순종과 감사의 행위로, 그 외에도 우리의 영이 고안해낼 수 있는 모든 방식으로, 우리는 그분과 함께 사랑의 교제를 지속할 수 있습니다.

그 연습 중에 본성적으로 뒤죽박죽된 느낌이 들 때에도 낙심하지 마십시오. 그것을 과감히 무시해야 합니다. 처음에는 시간만 잃어버렸다고 자주 생각되더라도, 멈추지 말고 계속하십시오. 생길 수 있는 모든 난관에도 불구하고, 죽을 때까지 그것을 지속하기로 결심하십시오.

저를 위해 수도회의 기도와 특별히 당신의 기도를 부탁드립니다. 우리 주 안에서 나는 당신의 것입니다.

일곱 번째 편지

거의 팔십 세가 되었을 때, 예순넷의 수신자에게 하나님과 함께 살고 죽을 것을 권고하고, 기도를 약속하며 또 부탁하다

나는 당신을 매우 딱하게 여기고 있습니다. 당신이 일에 관한 염려에서 떠나 여생을 하나님을 예배하며 보낼 수 있다면, 그것은 아주 중요한 일이 될 것입니다. 그분은 우리에게 대단한 일들을 요구하시지 않습니다. 그분이 원하시는 것은 가끔 그분을 기억하고, 흠모하며, 때로는 그분의 은혜를 구하고, 때로는 그분께 당신의 고통을 올려 드리는 것입니다. 또 때로는 그분이 당신에게 베푸셨고, 또 고통 중에 있는 당신에게 지금도 베풀고 계시는 은혜를 감사하는 것입니다. 그리고 그분과 동행하여, 할 수 있는 한 자주 당신이 위안을 얻는 것입니다. 마음을 들어 그분께로 향하십시오. 때로는 식사 중에, 때로는 다른 사람들과 함께 있을 때 그렇게 하십시오. 그분을 조금 기억하는 것, 그것조차도 그분은 언제나 받으실 수 있습니다. 크게 부르짖지 않아도 됩니다. 그분은 우리가 의식하는 것보다 우리 가까이에 계시기 때문입니다.

하나님과 함께 하려고 항상 교회에 있어야 할 필요는 없습니다. 우리는 우리 마음에 작은 예배당을 만들어, 이따금씩 조용히 물러나, 온유와 겸손과 사랑으로 그분과 대화를 나눌 수 있습니다. 사람마다 차이는 있겠지만, 하나님과의 그런 친밀한 대화는 모두에게 가능합니다. 그분은 우리가 무엇을 할 수 있는지를 아십니다. 그러니 시작합시다. 어쩌면 그분은 우리에게 한 가지 자발적인 결심만을 기대하실는지 모릅니다. 용기를 냅시다. 우리에게는 살날이 많지 않습니다. 당신은 거의 예순넷이 되었고, 나는 팔십이 다 되었습니다. 하나님과 함께 살고 하나님과 함께 죽읍시다. 그분과 함께 있는 한, 고난마저 우리에게는 달콤하고 즐거울 것입니다. 그분이 없다면, 가장 큰 즐거움도 우리에게는 잔인한 형벌이 되고 맙니다. 모든 일에서 그분이 찬송을 받으시길! 아멘.

그러므로 조금씩 진보하여 이런 식으로 그분을 예배하고, 그분의 은혜를 구하며, 일하는 중에도 때때로 당신의 마음을 그분께 바치십시오. 할 수만 있다면 매 순간 그렇게 하십시오. 항상 빈틈없이 어떤 규칙들 혹은 특정한 경건의 형식에 스스로를 매어두려고 하지 마십시오. 그저 하나님께 대한 전반적인 신뢰 속에서, 사랑과 겸손으로 행하십시오. 부족하나마 당신을 위해 기도할 것입니다. 나는 형제들 모두의, 그리고 특별히 당신의 종입니다.

여덟 번째 편지

기도 중에 생각이 흩어지는 문제에 관하여

당신이 제게 질문한 것은 새로운 것이 아닙니다. 산만한 생각과 관련하여 어려움을 겪는 이는 당신이 유일하지 않습니다. 우리의 생각은 몹시 방랑하는 특성이 있습니다. 하지만 의지는 우리의 모든 기능들의 지배자입니다. 의지가 그것들을 불러내어, 그것들의 최종 목적지인 하나님께로 이끌고 가야 합니다.

기도 생활 초기에, 생각이 묵상으로써 충분히 정돈되지 못하여 이리저리 방황하고 흩어지는 나쁜 습관에 물들었을 때, 그 습관들을 극복하기란 어렵습니다. 그런 습관은 대개 우리의 의지와는 반대로, 우리를 세상적인 일들로 이끌어갑니다.

나는 이에 대해 한 가지 치유책이 있다고 믿는데, 그것은 우리의 잘못들을 자백하고 우리 자신을 하나님 앞에 겸손히 낮추는 것입니다. 기도에서 많은 말을 쏟아내라고 조언하지 않겠습니다. 많은 말들과 긴 이야기는 종종 산만한 생각의 원인이 되기도 합니다. 마치 어느 부잣집 문 앞에 있는 말 못하는 벙어리나 중풍 환자 걸인처럼, 기도 중에는 하나님 앞에서 정신을 차리십시오. 주님의 임재 안에서 생각을 집중하는 것이 당신의 일이 되게 하십시오. 혹 때때로 생각이 배회하거나 하나님으로부터 멀어지는 경우에는 그것 때문에 지나치게 조바심내지 마십시오. 걱정과 불안은 생각을 모으기보다는 오히려 생각을 흩트릴 뿐입니다. 의지로 하여금 침착하게 생각을 되돌아오게 해야 합니다. 이런 방식을 지속한다면, 하나님께서 당신을 불쌍히 여겨주실 것입니다.

기도 시간에 마음을 집중하고 좀 더 평온을 유지할 수 있는 한 가지 방법은, 일상 시간에 그것이 너무 멀리 배회하지 않도록 하는 것입니다. 하나님의 임재 안에서 마음을 잘 간수해야 합니다. 그리고 자주 그분을 생각하는 것에 익숙해지면, 기도 시간에 생각을 차분히 유지하는 것이 쉬워지고, 적어도 흩어졌던 생각을 다시 소환하는 것이 어렵지 않게 될 것입니다.

이러한 하나님의 임재 연습으로부터 우리가 얻을 수 있는 유익에 대해서는, 제가 이미 이전의 편지들에서 충분히 말씀드린 바 있습니다. 그 연습을 진지하게 실천하고, 서로를 위해 기도하기를 바랍니다.

아홉 번째 편지

한 자매에게 서신을 동봉하면서, 그녀에게 존경과 더불어 우려를 표하다

동봉된 서신은 —————— 으로부터 받은 서신에 대한 답장입니다. 그 자매에게 이 서신을 전해주시기 바랍니다. 그녀는 선한 뜻으로 가득해 보입니다. 하지만 은혜보다 앞서 가려는 경향이 있는 것 같습니다. 사람은 갑자기 거룩해지지 않습니다. 그녀를 당신께 소개해드리니, 우리가 서로 협력해서 그녀를 돕고 조언하는 것이 좋겠습니다. 하지만 더 좋은 것은 우리가 본을 보이는 것이겠지요. 가끔씩 그녀의 소식을 전해주시되, 그녀가 아주 열정적이고 또 순종적인지에 대해 알려주시길 바랍니다.

이 생애에서 우리의 유일한 일은 하나님을 기쁘시게 하는 것임을 자주 생각하도록 합시다. 아마도 그 외의 모든 것은 어리석고 헛된 일에 지나지 않을 것입니다. 당신과 나는 사십 년 이상 수도원 생활을 하며 믿음으로 살아왔습니다. 우리는 그 세월들을 하나님을 사랑하고 섬기는 일에 써오지 않았던가요? 그 목적을 위해 그분이 은혜로 우리를 부르시어 이 직분을 맡기시지 않았습니까? 회고해보건대 저는 부끄러움과 혼란스러움으로 가득합니다. 물론 한편으로는 하나님께서 내게 행하셨고 지금도 지속하고 계시는 큰 은혜의 일들을 기억하지만, 다른 한편으로 저는 그 은혜들을 잘못 사용해왔으며, 온전함에 이르는 길에서 적은 진보를 이루었을 뿐입니다.

　은혜로우신 하나님은 여전히 우리에게 약간의 시간을 더 주십니다. 그러니 진지하게 시작하고, 잃어버린 시간을 보상하도록 합시다. 온전한 확신을 가지고 자비의 하나님께 돌아오도록 합시다. 그분은 언제나 깊은 애정으로 우리를 기꺼이 받으시는 분이니까요. 하나님 사랑을 위하여, 그분 외의 모든 것을 기꺼이 단념하도록 합시다. 그분은 그럴만한 가치가 충분히 있는 분입니다. 끊임없이 그분을 생각하도록 합시다. 그분에게 우리의 모든 신뢰를 두도록 합시다. 그러면 그 결과들을 곧 보게 될 것임을 나는 결코 의심하지 않습니다. 그분의 넘치는 은혜를 받을 것이고, 그 은혜로써 모든 일들을 행할 것입니다. 그분의 은혜 없이는, 우리가 할 수 있는 것이라곤 죄뿐입니다.

로렌스 형제의 오랜 주제를 간결하게 표현하다
　하나님의 실제적이고 지속적인 도움이 아니라면, 우리는 삶에서 넘쳐나는 위험들을 피할 수 없습니다. 그러므로 우리는 지속적으로 그분의 도우심을 위해 기도해야 합니다. 그분과 함께 있지 않으면 어떻게 그분에게 기도할 수 있을까요? 자주 그분을 생각하지 않고서 어떻게 그분과 함께 지낼 수 있을까요? 또한 그런 거룩한 습관을 형성하지 않고서 어떻게 우리가 그분을 자주 생각할 수 있을까요?

　아마도 당신은 제가 항상 같은 문제를 말하고 있음을 알아챌 것입니다. 사실입니다. 이는 내가 알고 있는 가장 좋고 쉬운 방법이기 때문입니다. 나는 다른 방식을 사용하지 않으며, 온 세상을 향해서도 이 방식을 조언하고 싶습니다. 우리가 하나님을 사랑할 수 있으려면 먼저 그분을 알아야 합니다. 그분을 알기 위해선, 자주 그분을 생각해야 합니다. 우리가 그분을 사랑하기에 이르면, 그 때 역시도 우리는 자주 그분을 생각할 것입니다. 왜냐하면 우리의 마음이 보화이신 분과 함께 있을 것이기 때문입니다. 이 요점을 깊이 숙고하시길 바랍니다.

열 번째 편지

어려움이 있지만, 자기 뜻을 포기하고 요청받은 대로 글을 쓰다

○○ 씨에게 글을 쓰려고 하니 무척 어려움이 있었습니다. 제가 지금 이 글을 쓰는 것은 순전히 당신과 ○○ 부인의 요청 때문입니다. 이 서신을 근거로 그에게 지침을 써서 보내주십시오. 당신이 하나님을 신뢰하니 저는 그것이 무척 기쁩니다. 그분의 은혜로, 그분을 향한 당신의 신뢰가 더욱 커지기를 바랍니다. 그토록 선하시고 신실하신 친구를 갖는 것보다 더 좋은 일이 어디 있을까요? 그분은 이 세상에서와 다음 세상에서 결코 우리를 실망시키지 않으실 것입니다.

세상에서 친구를 잃음으로써 진정한 친구를 알게 되다

만약 ○○ 씨가 이번의 상실을 기회로 삼아 하나님을 온전히 신뢰할 수 있다면, 하나님은 곧 그에게 또 다른 친구를 보내주실 것입니다. 더 강하고 그를 더 잘 섬겨줄 친구 말입니다. 그분은 자기의 원대로 사람의 마음을 주관하시는 분이십니다. 아마도 ○○ 씨는 그가 잃어버린 친구와 굉장히 밀착된 관계였을 것입니다. 우리는 우리의 친구들을 사랑해야 마땅합니다만, 그것이 하나님 사랑을 잠식하도록 해서는 안 됩니다. 하나님 사랑이 우선이어야 합니다.

내가 당신에게 충고했었던 말을 기억하시기 바랍니다. 즉, 하나님을 자주 생각하고, 낮에나 밤에나, 일하는 중에나, 심지어 기분전환으로 쉴 때에도 그분을 자주 생각하십시오. 그분은 언제나 당신 가까이에, 그리고 당신과 함께 계십니다. 그분을 홀로 버려두지 마십시오. 당신을 방문한 친구를 혼자 있게 두는 것은 무례한 일이라고 여기겠지요? 그렇다면 어찌 하나님을 무시한 채 버려둘 수 있을까요? 그러니 그분을 잊지 마십시오. 자주 그분에 대해 생각하시고, 계속해서 그분을 흠모하십시오. 그분과 함께 살고 그분과 함께 죽으십시오. 이는 그리스도인의 영광스러운 임무입니다. 만약 우리가 그것을 알지 못한다면, 반드시 그것을 배워야 합니다. 기도로써 당신을 돕도록 애쓰겠습니다.

주 안에서 당신의 소유된 벗으로부터.

열한 번째 편지

큰 고통 중에 있는 형제에게, 하나님이 몸과 영혼의 의사이심을 상기시키다

나는 당신이 고통에서 건짐을 받도록 기도하지 않습니다. 오히려 하나님이 뜻하신 동안 당신이 그 고통들을 견딜 수 있도록 하나님께서 힘과 인내심을 주시도록 간절히 기도하고 있습니다. 당신을 십자가에 붙들어두시는 그분에게서 위로를 얻으시기 바랍니다. 그분이 적당하다고 여기시는 때가 되면 그분이 친히 당신을 풀어주실 것입니다. 그분과 함께 고난을 당하는 자는 행복합니다. 그런 방식으로 고난당하는 일에 익숙해지고, 그분이 당신에게 필요하다고 판단하시는 만큼, 또 그 기간 동안, 인내할 힘을 주시도록 구하십시오.

세상 사람들은 이런 진리를 이해하지 못합니다. 그들은 자기 본성대로 고통당하는 것일 뿐 그리스도인들과 다르기 때문입니다. 그들은 질병에 따른 고통을 자연 탓으로 간주할 뿐, 하나님으로부터 오는 은혜라고 간주하지 않습니다. 그들은 오로지 그런 관점에서만 보기 때문에, 그 속에서 슬픔과 근심 외에는 발견하지 못합니다. 하지만 질병을 하나님의 손길로부터 비롯된 것으로 보고, 그분의 자비의 결과로서, 구원을 위해 그분이 사용하시는 수단으로 간주하는 자들은, 대개 그 속에서도 큰 사랑과 분명한 위안을 발견합니다.

나는 당신이 종종 하나님은 우리가 건강할 때보다는 아플 때에 (어떤 의미에서) 우리에게 더 가까워지시고 더욱 실제적으로 우리와 함께 계시는 것을 확신할 수 있기를 바랍니다. 다른 의사를 의지하지 마십시오. 내 견해로는, 하나님이 당신을 치료해주시기로 예정하신 듯합니다. 그분을 전심으로 의뢰하십시오. 그러면 회복 면에서도 곧 좋은 결과를 보게 될 것입니다. 종종 우리는 하나님보다 의사를 더 크게 의지함으로써 회복을 늦추기도 한답니다.

어떤 치료제들을 사용하든, 오직 하나님이 허락하실 때에만 그 효능을 볼 수 있습니다. 고통이 하나님으로부터 왔을 때, 그분만이 그것을 치료하실 수 있습니다. 종종 그분은 영혼의 질병을 치료하시기 위해, 몸의 질병을 보내시기도 합니다. 영혼과 몸을 모두 치료하시는 최고의 의사를 신뢰하여 위로를 얻으시기 바랍니다.

수신자가 기쁘게 고난을 견디도록 권면하다

하나님이 당신을 두신 그 자리에서 만족하십시오. 당신은 나를 무척 행복하다고 여기겠지만, 나는 당신이 부럽습니다. 만일 내 하나님과 함께 겪는 것이라면 아픔과 고난도 내게는 낙원일 수 있으며, 그분 없이 즐기는 것이라면 가장 큰 즐거움도 내게는 지옥이 될 수 있습니다. 나의 모든 위로는 그분을 위해 어떤 것이라도 견디는 것입니다.

잠시 후면, 나는 하나님께로 가야 합니다. 이 땅의 삶에서 내게 위안이 되는 것은 이제 내가 그분을 믿음으로 본다는 것입니다. 내가 그분을 보기 때문에 가끔씩 이렇게 읊조리곤 합니다. "이제 저는 믿는 것이 아니라, 다만 보고 있습니다." 나는 믿음이 내게 가르치는 바를 느끼고 있으며, 그 믿음의 확신과 실천 속에서, 나는 그분과 함께 살고 또 죽을 것입니다.

그러므로 계속해서 하나님과 동행하십시오. 그것이 환난 중에 있는 당신에게 유일한 힘과 위로입니다. 나도 주님께서 당신과 함께 계시도록 간구할 것입니다.

기도로써 당신을 섬기는 벗으로부터.

열두 번째 편지

아마도 같은 수신자에게 보내면서, 믿음으로 말미암는 지속적인 위로에 대해 말하다

만약 우리가 하나님의 임재 연습에 익숙해져 있다면, 그로 인해 모든 육체적 질병들이 훨씬 가벼워질 것입니다. 하나님은 종종 우리 영혼을 정화하시고 우리로 하여금 계속 그분과 동행하게 하시려고, 우리가 조금 고난당하는 것을 허용하십니다.

용기를 내십시오. 당신의 고통을 끊임없이 그분에게 올려 드리십시오. 그분에게 고통을 견디는 힘을 주시도록 기도하십시오. 무엇보다, 자주 하나님과 함께 지내는 것을 즐거워하는 습관을 들이십시오. 할 수 있는 한 그분을 잊지 마십시오. 질병 중에서도 그분을 경배하고, 이따금씩 당신 자신을 그분께 바치십시오. 또한 고통이 최고조에 이르렀을 때, 당신이 그분의 거룩한 뜻에 순응하도록 겸손하고도 다정하게 (마치 자녀가 아버지에게 하듯) 그분께 호소하십시오. 비록 부족하나마 나는 기도로 당신을 돕겠습니다.

하나님께서는 우리를 그분 가까이로 이끄시기 위해 많은 방법들을 쓰십니다. 때때로 그분은 우리에게서 자기를 숨기신답니다. 하지만 믿음만은 어려울 때에도 우리를 실망시키지 않습니다. 믿음만이 우리의 힘이며, 하나님 안에서 우리 확신의 토대여야 합니다.

나는 하나님께서 나를 어떻게 처분하실지 모릅니다. 나는 언제나 행복합니다. 온 세상 사람들이 고통을 겪고, 나 또한 가장 혹독한 징계를 받기에 합당한 자입니다. 하지만 나는 억제할 수 없는 크고도 지속적인 기쁨을 누리고 있습니다.

나는 기꺼이 하나님께 구하여 당신의 고통의 일부를 나누고 싶습니다. 하지만 한편으로 나 자신의 연약함을 잘 알고 있습니다. 나의 약함이 너무나 크기에, 만약 그분이 한순간이라도 나를 홀로 버려두신다면, 나는 모든 사람 중에 가장 비참한 사람이 되고 말 겁니다.

하지만 나로서는 그분이 나를 홀로 버리신다고는 생각조차 할 수 없습니다. 왜냐하면 올바른 사리판단이 그러하듯이, 우리가 먼저 그분을 버리지 않는 한 그분이 결코 우리를 버리시지 않는다고 믿음이 내게 강력한 확신을 주기 때문입니다. 경건한 두려움을 가지고, 그분을 떠나지 않도록 합시다. 항상 그분과 동행하도록 합시다. 그분의 임재 속에 살기도 하고 죽기도 합시다. 내가 당신을 위해 기도하듯이, 나를 위해서도 기도해주시길 부탁합니다.

열세 번째 편지

같은 수신자에게, 몸과 영혼을 위해, 하나님을 완전히 전적으로 신뢰하도록 권고하다

당신이 그토록 오래도록 고통을 겪는 것을 보니 나 역시도 고통스럽습니다. 당신의 괴로움과 관련하여 내게 얼마간 달콤한 위안을 주는 것은, 그것이 당신을 향한 하나님의 사랑의 증거라는 점입니다. 그런 관점에서 고통을 바라보십시오, 그러면 훨씬 더 쉽게 견딜 수 있을 것입니다. 당신의 경우, 인간적인 치료를 중단하고 전적으로 하나님의 섭리에 맡겨야 한다는 것이 내 의견입니다. 아마도 그분은 당신의 묵묵한 인내와 그분에 대한 온전한 신뢰를 보시고 함께 머무르실 것입니다. 당신의 모든 염려에도 불구하고, 지금까지 의약이 효력이 없었던 것으로 판명되었고, 당신의 병세는 갈수록 악화되고 있습니다. 하나님의 손에 모든 것을 맡기고 그분에게서 오는 것만 기대하는 것은 그분을 시험하는 것이 아닙니다.

지난번 편지에서 하나님이 이따금씩 영혼의 질병을 치유하시려고 육신의 질병을 허용하신다고 말했었지요? 그러니 용기를 내십시오. 부득이한 일이라면 불평하지 마십시오. 고통으로부터 벗어나려고 기도하기보다는, 그분의 뜻대로, 그분이 뜻하신 동안, 굳세게 견딜 수 있는 힘을 주시도록 기도하십시오. 하나님 사랑을 위하여 그렇게 구하십시오.

정녕 그런 기도는, 비록 본성으로는 버겁겠지만, 하나님이 기뻐 받으실 만한 기도이며 또한 그분을 사랑하는 자들에게도 향기로운 기도입니다. 사랑은 고통을 달콤하게 만듭니다. 사람이 하나님을 사랑할 때, 그는 그분을 위해 기쁨과 용기로써 고통을 견뎌냅니다. 청하건대 당신도 그렇게 하시지 않겠습니까? 그분과 함께 있는 것으로 위로를 얻으십시오. 그분만이 모든 질병을 고치시는 의사이십니다. 그분은 환난 당하는 자들의 아버지로서, 항상 그들을 도우실 준비가 되어 있습니다. 그분은 우리가 상상하는 것 이상으로 우리를 무한히 사랑하십니다. 그러므로 그분을 사랑하십시오. 다른 어딘가에서 위안을 찾지 마십시오. 당신이 주님의 위로를 얻기를 바랍니다. 그럼 안녕히. 부족하여도 기도로 당신을 도울 것입니다. 우리 주 안에서 나는 항상 당신의 것입니다.

열네 번째 편지

그 자신이 죽음에 가까웠을 때 수신자가 보여준 온정에 감사를 표하고, 고
난 중의 위로에 대해 말하다

우리 주님께서 당신의 바람대로 고통을 조금 덜어주신 것에 대해
감사드립니다. 나 자신은 종종 임종에 가까웠던 적이 있었지만, 그때
만큼 만족스러웠던 때도 없습니다. 따라서 나는 몸의 호전을 위해 기
도하는 것이 아니라, 용기와 겸손과 사랑으로 견디는 힘을 주시도록
기도한답니다. 하나님과 함께 고난을 견디는 것이 얼마나 달콤한지요!
고난이 아무리 커도, 그것들을 사랑으로 받아들이십시오. 고난을 당하
여도 그분과 함께 있는 것이 낙원입니다. 만약 이 생애에서 우리가 낙
원의 평화를 누리고자 한다면, 하나님과의 친밀하고, 겸손하며, 애정
어린 대화에 익숙해져야 합니다. 어떤 경우에도 우리의 정신이 그분에
게서 멀어지는 것을 막아야 합니다. 우리의 마음을 영적인 성전으로
삼고, 거기서 그분을 끊임없이 경배해야 합니다. 우리는 지속적으로

우리 자신을 살펴서, 그분을 불쾌하게 만들 수 있는 어떤 행동이나 말이나 생각도 하지 말아야 합니다. 이처럼 우리 생각이 하나님으로 채워져 있다면, 고난 속에서도 위로의 기름이 가득 부어질 것입니다.

이런 상태에 이르려 하지만, 순전한 믿음으로 행해야 하기 때문에, 그 시작이 매우 어렵다는 것을 나는 압니다. 하지만 비록 그것이 어려워도, 하나님의 은혜로 우리가 모든 것을 할 수 있음을 또한 알지요. 진실하게 구하는 자들에게 그분은 결코 거절하지 않으신답니다. 두드리십시오, 인내로써 계속 두드리십시오. 그러면 적절한 때에 그분이 당신에게 문을 열어주실 것이며, 수년 간 간직해두셨던 것을 한꺼번에 허락하실 것입니다. 안녕, 벗이여. 내가 당신을 위해 기도하는 것처럼 나를 위해 그분께 기도해주십시오. 나는 그분을 속히 뵈옵기를 소망합니다.

열다섯 번째 편지

임종의 자리에서, 사랑의 지식에 대해 재차 권면하다

하나님께서는 우리에게 필요한 것이 무엇인지를 가장 잘 아십니다. 그리고 그분이 행하시는 모든 일은 우리의 유익을 위한 것입니다. 그분이 얼마만큼 우리를 사랑하시는지를 우리가 안다면, 우리는 언제나 기꺼이, 그분의 손으로부터 단 것과 쓴 것을 같은 태도로 아무런 차이도 없이 받아들일 수 있을 것입니다. 그분에게서 오는 모든 것을 기쁘게 받아들일 것입니다. 가장 쓰라린 고통도 견디지 못할 정도로 보이지는 않을 것입니다. 우리가 겪는 고통을 그것을 허락하시는 하나님의 손 안에서 볼 때, 우리를 낮추시고 또 우리로 괴롭게 하시는 분이 우리를 사랑하시는 아버지시라는 것을 알 때, 우리의 고통은 그 쓴 맛을 잃어버리게 됩니다. 오히려 고통이 위로가 되기도 한답니다.

우리의 모든 관심사가 하나님을 아는 것이 되도록 합시다. 그분을 더 알수록, 그분을 알고 싶은 소원은 더 커질 것입니다. 일반적으로 지식은 사랑의 척도이듯이, 우리의 지식이 더 깊고 폭넓어질수록, 우리의 사랑도 더욱 커질 것입니다. 그리고 하나님을 향한 우리의 사랑이 크다면, 우리는 아플 때나 즐거울 때나 동일하게 그분을 사랑할 것입니다.

어떤 감각적인 은총들을 바라며 하나님을 추구하거나, 사랑하는 것이 우리 자신을 즐겁게 하려는 것이 되지 않도록 합시다. 그것이 아무리 고차원적인 것이어도 마찬가지입니다. 물론 그분이 우리에게 그런 은총을 베푸실 수는 있습니다. 하지만 그런 은총은, 비록 아무리 크다고 해도, 단순한 믿음의 행동이 우리를 하나님께 가까이 이끌어주는 것만큼 하나님께 가까이 이끌지는 못합니다. 믿음으로 자주 그분을 찾도록 합시다. 그분은 우리 안에 계십니다. 그분을 다른 곳에서 찾지 마십시오. 만약 우리가 그분을 기쁘시게 하지도 않으며, 어쩌면 그분을 거스르는 사소한 일들로 분주하여, 그분을 홀로 버려둔다면, 우리는 무례하다고 비난 받아야 마땅하지 않을까요? 이런 사소한 일들이 언젠가 우리에게 값비싼 대가를 치르게 할 것을 두려워해야 합니다.

선한 열심을 가지고 그분께 헌신되도록 합시다. 우리의 마음에서 모든 것들을 비우도록 합시다. 그분만이 우리의 마음을 온전히 소유하실 수 있게 합시다. 이런 은혜를 그분에게 구하십시오. 우리 편에서 할 수 있는 일을 한다면, 우리는 곧 우리 속에서 우리가 갈망하던 변화가 이루어진 것을 볼 것입니다. 주님께서 당신의 증세가 호전되도록 허락하시니 얼마나 감사한지요! 나는 그분의 은혜로써 수일 내에 그분을 뵐 수 있기를 소망하고 있습니다. 서로를 위해 기도합시다.

3부

영적인 격언들

[그는 이틀 후 몸져누웠고, 일주일 안에 숨을 거두었다.]

영적인 격언들

1. 우리는 행하고, 말하고, 손대는 모든 일에서 언제나 하나님과 그분의 영광에 유의해야 한다. 우리가 우리 자신에게 제시해야 하는 목적은, 우리가 영원토록 소망하는 바와 같이, 이 땅의 삶에서도 하나님께 온전한 예배의 제사를 드리는 것이다[네 번째 대화]. 우리는 우리를 도우시는 하나님의 은혜로, 영적인 삶에서 우리가 맞닥뜨리는 많은 어려움들을 극복하려고 굳게 결심해야 한다.

2. 영원한 삶으로 들어갈 때, 우리는 우리가 어떤 사람인지를 깊이 생각하고 또 철저하게 입증해야만 할 것이다. 우리는 전적으로 멸시를 받기에 마땅하고, 그리스도의 이름에 합당하지 않으며, 우리를 괴롭히고 영혼의 건강을 해치는 모든 종류의 질병들과 헤아릴 수 없는 약점들에 빠지기 쉬운 자들임을 발견할 것이다. 그것이 우리의 성향을 흔들리게 하고 불안정하게 만든다. 사실, 우리는 그런 모습의 피조물이

기에, 우리를 안팎으로 셀 수 없는 환난과 역경에 의해 징계하고 낮추는 것이 하나님의 뜻이다.

3. 우리는 그러한 징계가 우리의 유익을 위한 것임을 결코 의심하지 말고, 확고하게 믿어야 한다. 징계를 통해 우리를 찾아오시는 것이 하나님의 뜻이다. 우리로 하여금 온갖 종류의 쓰라린 경험들과 시련의 때를 통과하도록 허용하시는 것이 그분의 섭리의 길이다. 또한 하나님 사랑을 위하여, 그분이 필요하다고 여기시는 기간만큼, 우리로 다양한 슬픔과 고난들을 겪게 하는 것 역시 그분의 섭리의 길이다. 우리의 마음과 영이 하나님의 뜻에 복종함이 없이는, 경건과 온전함은 유지되지 못한다.

4. 영혼이 은혜에 더 의존할수록, 그것이 열망하는 온전함의 수준은 더 높아진다. 하나님의 은혜는 매 순간 절실하게 필요하며, 그것 없이 영혼은 아무것도 할 수 없다. 세상과, 육신과, 마귀는 힘을 합해서 지치지도 않고 영혼을 공격하기 때문에, 상존하는 하나님의 도우심을 겸손히 의지하지 않으면, 아무리 저항해도 그것들이 영혼을 끌어내리고 말 것이다. 그러므로 하나님을 의지하는 것이 본성으로는 힘겨운 일이지만, 은혜는 그것을 쉽게 만들고, 거기에 기쁨도 수반되게 한다.

영적인 삶에 이르기 위해 필요한 훈련들

    1. 영적인 삶에서 가장 거룩하고, 가장 일반적이며, 가장 필요한 훈련은 하나님의 임재 연습이다. 그것은 그분과의 거룩한 교제 속에서 기쁨을 발견하도록 하는 영의 훈련이다. 그것은 정해진 규칙이나 일정한 방식 없이, 유혹이나 환난의 때, 영혼이 메마르고 하나님이 꺼려질 때, 심지어 부정과 실제적인 죄에 빠질 때에도, 언제나 그분을 붙들고 매 순간 겸손하고도 애정 어린 대화를 나누는 것이다.

    2. 우리는 끊임없이 이 목적에 전념해야 하며, 우리의 모든 행동들을 다스려, 그 모든 것이 하나님과의 작은 친교의 행동들이 되도록 해야 한다. 하지만 그 행동들이 머리로 짜낸 것이어서는 안 된다. 오히려 그것들은 마음의 순결과 단순함에서 자연스럽게 우러나오는 것이어야 한다.

3. 우리는 이 모든 일들을 신중하고 침착하게 행하고, 성급하거나 경솔하게 해서는 안 된다. 성급함과 경솔은 훈련받지 못한 정신을 나타낸다. 주님께 우리의 손으로 하는 일들에 은혜를 주시도록 간청하면서, 주어진 일들을 고요하고 차분하게 그리고 애정을 담아 수행해야 한다. 이처럼 마음과 생각을 하나님께 고정시킴으로써, 우리는 악한 자의 머리를 상하게 하고 그의 무기들을 땅바닥에 내던질 수 있을 것이다.

4. 우리가 영적인 일들을 수행하거나 묵상할 때, 심지어 정해진 기도의 시간에 우리의 목소리를 높이는 동안에도, 우리는 잠시 동안 멈추고, 할 수 있는 한 자주, 우리 존재의 깊은 곳에서 하나님을 경배해야 한다. 이는 마치 지나쳐가는 그분을 인식하고서 은밀히 그분의 옷자락을 만지는 것과도 같다. 그렇게 하면 당신은 손대는 모든 일에서 하나님이 당신과 함께 하시는 것과, 그분이 당신 영혼의 깊은 중심에 계심을 알 수밖에 없을 것이다. 그러니 업무 중에나 심지어 기도의 행위 중에도, 간간이 짧게 멈추고서 영으로 그분을 경배하고, 높여 드리며, 그의 도우심을 간청하고, 마음의 예배를 올려 드리고, 그분의 인자하심과 은총들에 대하여 감사를 드림이 어떠한가?

이렇게 온 종일을 외적인 감각의 일들에서 물러나 영혼의 은밀한 처소에서 하나님께 예배드리는 일보다 그분이 더 기쁘게 받으실 만한 것이 무엇일까? 게다가, 그렇게 함으로써 우리는 저급한 욕망을 죽일 수 있다. 저급한 욕망은 감각적인 일들 가운데서만 생존할 수 있는데, 고요히 물러나 하나님과 함께 하는 시간에 그것은 의식하지 못하는 사이에 제거된다. 정말이지 우리는 이와 같은 방식으로, 피조물들로부터 돌이켜 비록 짧은 순간이나마 창조주 안에서 우리의 기쁨을 찾으려 시도하는 것이며, 이로써 우리의 신뢰와 믿음의 크고 분명한 증거를 하나님께 보여 드리는 것이다.

내가 우리 주변의 외적인 일들을 완전히 그리고 영원히 무시하도록 조언하는 것이라고 생각하지 말라. 그렇게 하는 것은 불가능하다. 모든 덕목들의 어머니라고 할 수 있는 '분별'이 당신의 안내자가 되게 하라. 하지만 종교적인 사람들이 흔히 드러내는 오류는, 잠시 멈추는 이런 연습을 소홀히 하는 것이다. 이런 짧은 멈춤의 시간을 통해 우리는 영혼 깊은 곳에서 하나님을 예배하고, 그분과의 짧은 친교에서 오는 평화를 누릴 수 있다.

5. 이와 같은 예배의 행위들은 믿음에 의해 촉구되고 안내되어야 한다. 우리는 진실로 하나님께서 우리 영혼 안에 거하심을 믿어야 한다. 우리는 영과 진리로 그분을 경배하고 사랑하며 섬겨야 한다. 그분이 모든 것을 보고 계신다. 그분의 눈 앞에 모든 마음이 있는 그대로 드러나며, 피조물들인 우리 존재의 전부가 드러난다. 그분은 스스로 존재하시는 분이지만, 그분의 모든 피조물들이 살고 움직이고 그 존재를 유지하는 것은 그분 안에서만 가능하다. 그분은 완전하고 무한하신 주권자이시며, 우리에게 존재의 전부 즉 영혼과 몸의 완전한 복종을 요

구하신다. 당연히, 우리는 모든 생각과 말과 행동에서 그분에게 신세를 지고 있다. 그것을 인식하고 우리의 빚을 갚도록 하자.

6. 우리 자신을 잘 살펴서 크게 결핍된 덕목들, 우리가 얻기에 가장 힘든 덕목들이 무엇인지 알아낼 필요가 있다. 아주 쉽게 우리를 곤경에 빠뜨리며, 자주 우리를 넘어지게 만드는 죄들이 무엇인지도 알아야 한다. 그 싸움에 있어서, 우리는 하나님을 의지하고 온전히 신뢰하면서, 거룩하신 그분의 위엄의 임재 속에 꾸준히 머물러야 한다. 겸손히 경배드리며, 그분 앞에 우리의 슬픔과 실패들을 아뢰며 은혜의 도우심을 구해야 한다. 그러면 우리의 약함 중에도, 우리의 능력이 그분 안에 있음을 발견할 것이다.

영과 진리로 하나님을 예배하는 것에 관하여

1. 영과 진리로 하나님을 예배한다는 것은 우리가 마땅히 그분께 드려야 할 경배를 드린다는 의미이다. 하나님은 영이시다. 그러므로 우리는 그분을 영과 진리로 예배해야 한다. 말하자면, 그분에게 우리 존재의 깊은 곳에서 참되고 겸손한 영적 예배를 드려야 하는 것이다. 하나님 한 분만이 이런 예배를 알아보신다. 이런 예배를 꾸준히 드리게 되면, 마침내 그것은 자연스러운 일이 되어, 마치 그분이 우리의 영과 하나가 되시고, 또 우리의 영도 그분과 하나가 되는 듯하다. 실천이 이런 일을 명백하게 만든다.

2. 진리 안에서 하나님을 예배한다는 것은 그분을 그분으로 합당하게 인정하고, 또 우리 자신을 우리의 모습 그대로 인정하는 것이다. 그분을 진리로 예배한다는 것은 진실로 하나님이 어떤 분이신지 마음으로 느끼는 바를 인정하는 것이다. 말하자면, 그분을 완전하시고 무한

히 칭송받기에 합당하시며, 죄는 전혀 없으시고, 모든 거룩한 속성들로 충만한 분이심을 인정하는 것이다. 온 힘을 기울여 이 위대하신 하나님께 마땅히 드려야 할 예배를 드리지 않는 사람은, 이성의 안내를 받는 사람이라고 말하기 어렵다.

3. 더 나아가, 진리 안에서 하나님을 예배한다는 것은, 우리가 전적으로 그분의 뜻을 거스르고 또 우리 자신의 지식에도 거슬러 살았음을 인정하되, 우리가 자원하는 마음을 가지기만 하면 그분이 우리를 그분에게 순응되도록 만드실 것임을 인정하는 것이다. 어느 누가 한순간이라도 그분에게 합당한 공경과 사랑을 멈추고, 섬김과 예배를 중단하는 어리석은 잘못을 범한단 말인가?

영혼과 하나님의 연합에 관하여

영혼이 하나님과 연합하는 것에는 세 단계가 있다. 첫 번째 단계는 일반적(general) 연합이고, 두 번째는 가상의(virtual) 연합이며, 세 번째는 실제적(actual) 연합이다.

1. 일반적인 단계의 연합이란, 영혼이 오직 은혜에 의해서만 하나님과 연결되었을 때를 말한다.

2. 가상의 연합(효과에서는 연합이지만 사실상의 연합이 아닌 것)이란, 우리를 하나님과 결속시켜주는 어떤 행동에 의해 출발하지만, 한동안은 그 행동 때문에 그분과 연합한 상태로 머물 때를 말한다.

3. 실제적인 연합이란 완벽한 연합을 말한다. 다른 단계들에서 영혼은 수동적이며, 거의 꾸벅거리며 졸고 있는 것이나 마찬가지이다. 이

실제적인 연합에서 영혼은 매우 활동적이다. 그 활동은 섬광보다 빠르고, 해보다 빛나며, 어떤 먹구름에 의해서도 흐려지지 않는다. 하지만 이 실제적인 연합과 관련하여 우리는 우리 자신의 느낌에 의해 속을 수도 있다. 그것은 일순간 "나의 하나님 내가 온 마음과 힘을 다해 당신을 사랑합니다"라고 부르짖다가 덧없이 사라지는 감상이 아니다. 오히려 그것은 영혼의 상태이다. 마땅히 적절한 말을 찾지 못하겠지만, 그것은 깊고도 영적이면서 한편으로 매우 단순한 영혼의 상태이다. 그것은 고요한 기쁨으로, 또한 아주 겸손하고도 경외하는 사랑으로 우리를 채운다. 그것은 우리 영혼을 높은 곳으로 올려주며, 그곳에서 하나님 사랑의 느낌이 그분을 찬미하도록 강권하며, 말로 다할 수 없는 애정으로 그분을 포용하게 만든다. 그것을 이해하도록 우리를 가르칠 수 있는 것은 오직 경험뿐이다.

4. 하나님과의 연합을 갈망하는 모든 이들이 알아야 할 것이 있다. 즉, 무엇이든 의지를 기쁘게 하는 것이 있다면, 사실상 의지가 그것을 좋아하기 때문이며, 또는 적어도 의지가 그것을 그렇게 간주하기 때문이다.

하나님이 우리의 지각을 뛰어넘는 분이심을 인정하지 않을 사람은 없을 것이다. 그러므로 그분과 연합되기 위해서는, 신체적인 것이든 영적인 것이든 의지에 영향을 미치는 모든 취미와 오락들을 부인할 필요가 있다. 일단 그런 것에서 초연해지면, 다른 무엇보다 하나님을 사랑하는 일에 더욱 자유로울 수 있다.

만약 의지가 어느 정도 하나님을 아는 단계에 이를 수 있다면, 그것은 오직 사랑을 통해서만 가능하다. 의지의 기호와 성향 및 그것의 실제 작동 사이에는 큰 차이가 있다. 의지의 취향과 성향은 영혼 안에서 한계가 있지만, 의지의 활동은 다름 아닌 사랑이며, 그것은 하나님 안에서 유일한 목적을 발견하기 때문이다.

하나님의 임재에 관하여

1. 하나님의 임재란 우리 영혼이 하나님께 집중하는 것, 또는 현존하
시는 하나님을 인식하는 것이다. 그것은 상상으로나 지각에 의해 우리
에게 느껴진다.

2. 지난 사십년간 하나님의 임재 의식을 줄곧 연습해 온 한 친구가
있다. 그 일에 대해 그는 다른 많은 명칭들을 붙이기도 하지만, 이따금
그는 그것을 하나의 단순한 행동, 또는 뚜렷하고 독특한 하나님을 아는
지식이라고 부른다. 다른 때에는 망원경을 통해 보는 전망, 사랑의 응시,
하나님께 대한 내적 의식으로 부르기도 한다. 또 어떤 경우 그는 그것
을 하나님을 기다림이라고 부르기도 하고, 그분과의 침묵의 대화, 그분
안에서의 휴식, 영혼의 생명과 평화라고 부르기도 한다. 하지만, 내 친구
는 하나님의 임재에 대한 자기의 의식을 표현한 이 모든 방식들이, 결
국은 같은 것이라고 말한다. 그리고 그 임재가 그의 영혼을 아주 자연

스럽게 채워주며, 이런 방식으로 세월이 흘러왔다는 이야기를 들려주었다.

3. 지치지 않는 노력으로, 하나님의 임재를 끊임없이 상기함으로써, 그는 자기 속에 한 가지 습관이 형성되었다고 말한다. 그것은 마치 하나의 천성이 되었다. 그래서 그는 일상의 노동으로부터 벗어나자마자, 심지어 여전히 일상의 노동에 종사하는 동안에도, 그의 영혼은 모든 지상의 문제들 위로 높이 올라, 근심이나 장래에 대한 염려 없이, 자기 영혼의 근원이자 안식처인 하나님 안에 확고히 거한다. 그럴 때마다 믿음은 거의 언제나 그의 동반자이다. 그 때 그의 영혼의 기쁨은 충만하며 ― 그것이 그가 실제적인 임재라고 부르는 것이다 ― 그 기쁨은 다른 모든 종류의 기쁨들을 다 포함한 것보다 훨씬 더 크다. 그럴 때 그는 이 세상에 오직 하나님과 그 단 둘만 있는 듯이 느끼고, 그분과 방해받지 않고 대화를 지속하며, 그분에게 모든 필요를 아뢰어 요청하고, 그분의 임재 안에서 충만한 기쁨을 발견한다.

4. 하지만 그가 하나님과의 이러한 관계를 그의 존재의 깊은 곳에서 지속했다는 점을 기억해두자. 바로 거기서, 영혼이 하나님께 말하되 마음에서 마음으로 말하고, 이런 대화를 지속하면서 그의 영혼은 크고 심오한 평화를 누린다. 모든 지나가는 것에 대해서는 염려가 없었으니, 그 모든 것은 영혼에게 지푸라기 불씨에 지나지 않는다. 지푸라기 불씨는 더 크게 타오를수록 더 빨리 꺼질 뿐이다. 정녕 이 세상 염려들

이 끼어들어 내면의 평화를 방해하는 경우는 좀처럼 없다.

　5. 하나님의 임재에 대해 다시 숙고해보자면, 부드럽고 인자하신 하나님의 얼굴빛은 영혼 안에서 잘 느끼지 못할 정도로 비춘다는 것을 알아야 한다. 영혼이 그 빛을 열렬히 환영하고 받아들이면, 하나님을 향한 크고 거룩한 사랑의 불이 속에서 타오르기 때문에, 그 느낌을 외적으로 표현하는 것을 누그러뜨려야 할 정도이다.

　6. 이러한 때에 그 영혼이 하나님과 어떤 대화를 나누는지를 우리가 안다면 우리는 크게 놀랄 것이다. 하나님은 그 영혼과의 친교를 크게 기뻐하시는 듯 보이며, 그 영혼은 영원히 그분과 함께 거하기를 바라고, 그분은 헤아릴 수 없는 은총을 베푸신다. 마치 하나님께서 그 영혼이 세상의 일들로 다시 되돌아가는 것을 염려하시는 것처럼, 그 영혼에게 풍성하게 베푸시며, 그 영혼은 믿음 안에서 하늘의 양식을 발견한다. 하늘의 양식이란 측량할 수 없는 기쁨, 생각하고 바라는 것 이상으로 부어주시는 기쁨이다. 그 영혼의 편에서, 이 모든 것은 조금의 노력도 없이, 단순한 동의만으로 얻는다.

　7. 그러므로 하나님의 임재는 그 영혼의 생명이며 자양분이다. 하나님의 임재에 이르기 위해, 영혼은 그분의 은혜의 도움으로 여러 수단들을 부지런히 활용할 수 있다. 이제 그 수단들에 대해 말하고자 한다.

하나님의 임재에 이르기 위한 수단들

1. 첫째는 깨끗한 삶이다. 어떤 일에서건 우리 자신을 변호하기 위해 행동하거나 말하거나 생각하지 않도록 주의해야 한다. 그런 일은 하나님을 불쾌하시게 만들 수 있다. 그런 일이 일어날 때, 주의하여 그런 태도에서 돌이켜 회개해야 하며, 겸손히 그분의 용서를 구해야 한다.

2. 두 번째는 꾸준히 그분의 임재를 연습하는 것이다. 침착하고, 겸손하고, 사랑스럽게, 믿음으로 영혼의 시선을 하나님께 고정시키고, 애태우는 염려나 불안이 끼어들지 못하게 하는 것이다.

3. 어떤 임무를 수행하기에 앞서, 비록 잠시라도, 하나님을 바라보는 습관을 들이라. 또한 그 일에 종사하는 동안, 그리고 그 일을 완수했을 때에도 그렇게 하라. 시간이 없거나 인내심이 부족하여 실천하지 못할 때도 있겠지만, 실패 때문에 낙심하지 말라. 이 습관은 정말이지

힘겹게 형성될 수 있다. 하지만 일단 형성되면 그 기쁨이 얼마나 큰지!

우리 안에서 먼저 생명을 얻고, 온 몸을 다스리는 것은 마음이다. 그러니 처음과 나중에, 영적인 일이든 신체적인 일이든 우리가 어떤 행동을 시작할 때나 마칠 때, 그리고 일상적인 삶의 모든 문제들에 있어서, 마음으로 하나님을 사랑하고 예배하는 것이 마땅하지 않은가?

4. 이 연습을 시작한 사람들에게 내가 조언하고 싶은 말은, 다음과 같이 은밀한 몇 마디 말을 올려 드리라는 것이다. "나의 하나님, 저는 전적으로 당신의 것입니다. 오, 사랑의 하나님, 제가 온 마음으로 당신을 사랑하나이다. 제 마음이 당신의 마음을 닮게 하소서." 사랑이 당신의 마음을 자극하는 그 순간에 이런 식의 말을 올려 드리라. 당신의 마음이 다시 세상으로 되돌아가 배회하지 않도록 주의하라. 오직 하나님께만 마음을 고정하고, 의지적으로 복종하여, 하나님과 함께 거하도록 애쓰라.

5. 하나님의 임재 연습은 초기에는 다소 어려울 것이다. 하지만 꾸준히 밀고 나가라. 그러면 알아채지 못하는 사이에 영혼 속에서 놀라운 효과를 내기 시작할 것이다. 그 연습은 하나님의 은혜를 풍성하게 공급받도록 해 주고, 어느덧 영혼으로 하여금 언제나 임재하시는 사랑의 하나님을 바라보도록 이끌어준다. 그것은 가장 영적이면서도 매우 실제적이며, 가장 자유로우면서도 가장 확실하게 기도에 생명을 불어넣는 방식이다.

6. 기억해야 할 것은, 이런 상태에 이르기 위해서, 우리의 감각들을 통제하고 다스려야 한다는 것이다. 이 세상의 것들을 즐거워하는 영혼은 하나님의 임재 안에서 충만한 기쁨을 찾을 수 없기 때문이다. 그분과 함께 거하기 위해, 우리는 동물적인 본성에서 멀어져야 한다.

하나님의 임재에서 누리는 유익들

1. 하나님의 임재로부터 영혼이 얻는 첫 번째 유익은, 믿음이 살아 생동하게 되는 것인데, 삶의 모든 사건들에서 그러하며, 특히 우리가 부족함을 느낄 때 그러하다. 생동하는 믿음은 우리가 시험을 받을 때에나 모든 시련의 때에, 하나님의 은혜의 도우심을 우리에게 가져다준다. 믿음을 안내자로 삼아 이 연습에 익숙해지면, 영혼은 단순한 기억만으로도 하나님의 임재를 보고 느끼며, 응답의 확신을 가지고 자유롭게 그분의 이름을 부르고, 필요로 하는 모든 것을 공급받게 된다. 믿음으로, 영혼은 천국의 복된 성도들의 상태에 가까워지는 듯하다. 이 연습에서 진보할수록 믿음은 더욱 생명력이 넘치고, 마침내 믿음의 눈은 굉장한 통찰력을 가지게 되어, 영혼은 거의 이런 식으로 말할 수 있다 — "봄으로써 믿음이 삼켜졌으니, 나는 보고 또 경험하노라."

2. 하나님의 임재 연습은 우리의 소망을 강화시킨다. 우리의 소망은

우리의 지식에 비례하여 자라며, 또 이 거룩한 연습에 의해 우리의 믿음이 하나님의 숨겨진 신비들 속으로 뚫고 들어가는 정도에 비례해서 자란다. 하나님 임재 안에서 믿음은 비교할 수 없는 아름다움을 본다. 그분의 아름다움은 지상의 아름다움을 무한대로 능가하며, 가장 거룩한 영혼들이나 천사들의 아름다움마저도 무한대로 능가한다. 우리의 소망은, 우리가 열망하고 또 부분적으로 이미 맛보고 있는 충만한 기쁨에 의해, 갈수록 증대되고 강해지며, 큰 지지와 용기를 얻는다.

3. 소망은 보이는 것들에 대한 불신을 의지 속에 불어넣으며, 의지에서 하나님 사랑의 강렬한 불이 타오르게 한다. 진실로 하나님의 사랑은 삼키는 불이며, 그분의 의지에 반하는 모든 것을 불살라 재로 만들기 때문이다. 이렇게 불붙은 영혼은 하나님의 임재 없이는 살아갈 수가 없다. 이 임재는 마음속에서 거룩한 열심과 열망으로 작용하여, 하나님이 그분의 모든 피조물들에게 알려져 사랑을 받으시며, 그들에게서 섬김과 경배를 받으시게 되기를 갈망하게 만든다.

4. 하나님의 임재 연습에 의해, 그분을 꾸준히 응시함으로써, 영혼은 하나님을 아는 지식에서 풍성하고도 깊어지며, 뚜렷한 비전(Unclouded Vision)을 소유하게 된다. 그의 모든 삶은 끊임없는 사랑과 경배의 행위, 회개와 단순한 신뢰, 찬양과 기도와 섬김으로 점철되어 지나간다. 이따금, 정말이지 삶은 마치 그분의 거룩한 임재를 연습하는 하나의 긴 과정인 것처럼 보인다.

나는 이런 상태에 이른 사람들이 많지 않은 것을 안다. 그것은 소수의 선택된 영혼들에게 베푸시는 하나님의 은혜이다. 뚜렷한 비전은 풍성하신 그분의 손으로부터 직접 주어지는 선물이다. 하지만 이 거룩한 연습을 기꺼이 시도하고픈 자들에게 위로의 차원에서 할 말이 있다. 그것은 하나님께서 간절히 열망하는 자들에게 이 선물 주시기를 좀처럼 거부하지 않으신다는 것이다. 설혹 그분이 이 최고의 은총을 보류하시더라도, 하나님의 임재 연습에 의해, 그리고 그분의 족한 은혜의 도움으로, 영혼은 뚜렷한 비전에 매우 근접하는 상태에 이를 수 있다고 확신해도 좋다.

4부

로렌스 형제의 성품

보포르의 수도원장 조제프의 글

삶으로 교훈이 되다

나는 로렌스 형제의 성품에 대해 내가 직접 듣고 본 바를 글로 옮기고 있다. 그는 2년 전 파리에 있는 가르멜회 수도원에서 숨을 거두었다. 그에 대한 추억은 상쾌한 향기와도 같다.

죄인들 사이에서 높은 지위에 머물기보다 하나님의 집 문지기가 되기로 선택했던 사람, 예수 그리스도의 멍에를 메고 그것을 이 세상의 헛된 영화나 쾌락보다 낫게 여겼던 사람, 그가 보이는 것들의 사슬에서 해방된 자들의 영혼을 위해 글을 쓰도록 나에게 요청했다. 로렌스 형제가 깨달은 바에 관한 이 글은 그의 생각과 교훈에서 모은 것이다. 나는 기꺼이 순종하기로 했다. 비록 이 훌륭한 형제의 "삶"의 스케치와 "편지들" 모음이 이미 출판되었지만, 내가 보기에, 이 거룩한 사람에 대해 우리가 보존한 것을 널리 알리는 것은 아무리 해도 지나치지 않을 것이다. 내 확고한 믿음은, 거의 모든 사람이 무가치한 것에 가치를 부여하고 거기에 도달하려고 헛된 길을 가는 시대에, 이 사람을 견실한 경건의 모범으로 삼는 것이 큰 유익이 되리라는 것이다.

　이 글에서 말하는 사람은 로렌스 형제 자신일 것이다. 내가 그와 나누었던 "대화들"에서, 나는 그가 직접 한 말을 전달할 것이며, 그것은 그가 떠난 후 곧바로 내가 기록해 둔 것이다. 어떤 사람도 성인들의 삶을 그들 자신만큼 잘 묘사하진 못할 것이다. 아우구스티누스의 고백록과 글들은 훗날 다른 사람들이 보탠 어떤 글보다도 훨씬 생생한 자기의 초상을 제시한다. 이 하나님의 종에 대해서도 마찬가지로, 그 자신이 직접 단순하게 마음에서 우러나와서 한 말들보다 더 생생하게 묘사할 순 없을 것이다.

　로렌스 형제는 그가 가진 많은 덕목들에도 불구하고 아주 인간적이었다. 그는 솔직하고 열린 태도를 지녔다. 그의 이런 태도는 그를 만나는 사람으로 하여금 곧바로 그를 신뢰하게 만들었으며, 속마음을 털어놓을 수 있는 친구를 만났다고 느끼게 해주었다.

　그는 대면하고 있는 사람에게 그가 아는 바를 아주 자유롭게 말했으며, 마음에 큰 선의를 품고 있음을 즉시 입증하였다. 그가 한 말은 매우 소박했지만 그러면서도 깊은 의미를 담고 있었다. 외견상 다소 투박한 그의 모습 배후에는 특별한 총명함이 있었고, 평범하고 가난한 평신도 형제에게서 보기 힘든 폭넓은 정신, 일반적인 예상을 뛰어넘는 직관력을 엿볼 수 있었다. 실무자로서도, 그는 큰 일들을 잘 처리했으며, 지혜롭고 안전한 조언을 제시하였다. 로렌스 형제의 일상을 관찰했던 나를 감동시킨 것은 그의 그러한 특징들이었다.

　그의 마음의 성향과 영혼의 내적 생명에 대해서는, 곧 내가 펴내려고 하는 "대화들" 편에서 그가 직접 묘사하였다. 그의 회심은 하나님의 능력과 지혜에 대한 묵상과 깊은 깨달음에서 비롯되었다. 그는 그 이후로도 다른 모든 생각들을 멀리하면서, 줄곧 진지하고 성실하게 하나님을 추구하였다.

하나님께 대한 이 최초의 각성이 로렌스 형제에게는 온전함을 향해 가는 출발이었으며, 그의 삶으로 그것이 입증되었다. 여기서 우리가 잠시 멈추고 이 무렵의 그의 행동에 대해 숙고해보는 것이 중요하다. 믿음은 그의 길을 비추어준 하나의 빛이었다. 믿음은 그로 하여금 하나님을 처음으로 바라보게 해주었을 뿐 아니라, 하나님의 길을 행함에 있어서 다른 '등잔불' 같은 불빛을 바라지 않게 해주었다. 그가 종종 내게 들려준 바에 따르면, 그가 다른 사람들에게서 들은 말들이나 책에서 발견한 것들이나 그가 스스로 기록한 모든 것들은, 믿음이 하나님과 예수 그리스도의 이루 말할 수 없는 부요함에 대해 그에게 펼쳐 보여준 것에 비하면, 무미건조하고, 지루하고, 무겁게 보였을 뿐이다.

그가 계속해서 들려준 말이다. "오직 그분만이 그분 스스로를 우리에게 계시하실 수 있습니다. 우리는 수고롭게 이성과 과학으로 우리의 정신을 훈련하지만, 거기서는 단지 일종의 복사판을 볼 뿐이라는 점을 잊어버립니다. 정작 바라보아야 할, 비교할 수 없는 원형을 바라보지 못하는 것이지요. 우리 영혼의 깊은 곳에 하나님은 스스로를 계시하십니다. 우리는 그것을 깨닫기만 할 뿐, 정작 그분을 찾기 위해 영혼을 성찰하지 않습니다. 우리는 그분을 제쳐둔 채 어리석은 행동들에 시간을 소비하면서, 영원히 거하시며 우리의 왕이신 그분과의 교제는 무시해

버립니다.”

"우리가 책에서 읽는 것, 그분을 향해 느끼는 얼마간의 애정, 감정의 파도, 또는 얼핏 하나님을 바라보는 것 등을 통해, 일종의 이론으로 하나님을 아는 것으로는 충분하지 않습니다. 우리의 믿음이 살아있어야 합니다. 반드시 그래야만 합니다. 믿음에 의해 우리는 지나가버리는 이런 감정을 뛰어넘어 우리 스스로를 고양시키며, 완전하고 거룩하신 아버지와 예수 그리스도를 섬길 수 있습니다. 믿음의 길이 곧 교회의 정수이며, 결국 온전함으로 이끌어줄 것입니다."

로렌스 형제는 믿음으로 하나님을 그의 영혼에 임재하시는 분으로 인식했을 뿐 아니라, 삶의 모든 사건들에도 임재하시는 분으로 인식했다. 어떤 일이 일어날 때마다, 로렌스 형제는 즉시 일어나 하나님의 임재를 구했다.

겨울에 그가 보았던 어느 잎사귀 없는 나무를 통해, 그의 영혼에 처음으로 하나님의 실재에 관하여 깨달음의 빛이 비추어졌다. 그 비전은 너무나 크고 숭고하여, 이후 사십년 동안에도 처음 그 깨달음을 얻었을 때와 마찬가지로 선명하고 생생했다. 일생동안, 보이는 것들을 활용하여 보이지 않는 영원을 향해 가는 것이 그의 훈련이었다.

독서 생활에서, 로렌스 형제는 다른 모든 책들보다 거룩한 복음서들을 읽는 것을 훨씬 선호했다. 예수 그리스도의 직접적인 말씀에서 발견한 것으로, 그는 자신의 믿음에 자양분을 공급받아 더욱 소박하고 순수하게 될 수 있었다.

로렌스 형제는 확고한 결심으로 영적인 삶의 항해를 시작하였고,

마치 믿음으로 보는 것처럼, 그의 마음속에 하나님 임재의 숭고한 의식이 간직되도록 충실한 노력을 지속하였다. 그는 꾸준하게 하나님을 영화롭게 하는 삶을 지속했고, 셀 수 없는 많은 방식으로 하나님을 향한 그의 사랑을 나타내었다. 그가 착수한 모든 일에서, 그는 우리 주님의 도우심을 구했으며, 일을 완수한 후에는 감사를 올려 드렸다. 자신의 태만을 시인하며 용서를 구하기도 했고, 신실한 태도로 하나님께 간청을 올렸다. 하나님과의 이런 교제가 일상의 노동과도 뒤섞여 있었고, 또 일상의 일이 하나님과의 교제의 기회를 그에게 제공했기 때문에, 그는 일을 훨씬 쉽게 수행할 수 있었다. 일이 그의 생각을 딴 데로 흩어지게 한 것이 아니라, 도리어 하나님과의 교제를 도왔던 것이다.

하지만 그는 처음에 그것이 몹시 힘들었으며, 이 연습을 잊어버릴 때가 자주 있었음을 시인하였다. 그러나 자기 실패를 겸손히 시인하고 난 후, 그는 별다른 어려움 없이 그 연습을 되풀이할 수 있었다.

때로는 이리저리 떠도는 무수한 상상들이 그의 생각 속으로 밀려들어, 하나님의 자리를 차지할 때도 있었다. 그런 일이 일어날 때, 그는 평정을 지키면서, 곧장 그런 생각들을 내쫓아버렸다고 내게 들려주었다. 이렇게 한 후 그는 다시 하나님과의 교제로 되돌아오곤 했다.

마침내 그의 신실함과 인내가 보상을 얻었다. 중단되지 않고 방해받지 않는 하나님의 임재가, 어떤 의미에서 그의 영혼의 소유가 된 것이다. 그의 모든 행동들은, 종류에 있어서 매우 다양하고 그 수도 많았지만, 밝은 통찰력, 빛나는 사랑, 끊이지 않는 기쁨으로 바뀌어졌다.

이것은 한때 그가 내게 들려준 말이다: "나로서는 행동할 때와 기도

할 때가 다르지 않습니다. 내 주방에서 여러 사람이 많은 용무로 서로를 부르는 소음과 딸그락거리는 소리 가운데서도, 무릎 꿇고 복된 성례전에 참여할 때와 마찬가지로, 나는 큰 평온 속에서 하나님과 함께합니다. 이따금씩은 내 믿음이 너무나 뚜렷해져서, 통상 우리의 시야를 가리고 있는 그림자들이 사라지고, 장차 올 그 날이 밝아져서, 영원히 영광스러운 생명의 날이 시작되었다고 생각될 정도입니다."

신실한 믿음이 우리의 선한 형제를 그런 높은 경지로 이끌어주었다. 신실한 믿음이 그에게 다른 모든 생각들을 뒤에 제쳐두도록 명하였고, 하나님과 중단되지 않는 교제를 나눌 수 있도록 그의 영혼을 자유롭게 만들었다. 결국에는, 그 습관이 제2의 천성이 되어, 비록 그 자신이 다른 문제들로 바쁘더라도, 하나님 의식에서 멀어지는 것이 불가능할 정도가 되었다고 그가 내게 말했다.

"대화들"[두 번째 대화]에서 그는 아주 중요한 문제에 대해 의견을 제시했다. 그는 하나님의 임재는 이해력보다는 마음과 사랑에 의해 도달될 수 있다고 했는데, 그의 말을 직접 옮기자면 이러하다: "하나님과의 관계에서 생각들은 크게 중요하지 않으며, 사랑이 모든 것입니다."

그가 계속해서 말했다. "우리가 꼭 큰 일들을 해야 할 필요는 없습니다." 나는 주방에서 섬기는 한 평신도 형제를 묘사하고 있다. 그가 직접 했던 말을 들어보라. "우리는 하나님을 위해 작은 일들을 할 수 있습니다. 내가 팬 위에서 구워지는 케이크를 뒤집는 것도 하나님 사랑을 위해서입니다. 그 일이 끝나고, 다른 할 일들이 없을 때, 나는 내게 일할 수 있는 은혜를 주신 그분 앞에 엎드려 경배합니다. 그런 후 나는 왕보다 더 행복해져서 일어납니다. 나로서는 바닥에서 지푸라기 하나를 집어 드는 일마저도 하나님 사랑으로 행하기에 충분합니다."

"우리는 하나님을 사랑하는 법을 배우려고 정해진 길과 방식들을 추구합니다. 그 사랑에 이르기 위해 우리가 얼마나 많은 방안들을 만들어내어 조바심을 내는지요. 우리는 하나님의 임재 의식에 이르기 위해 스스로를 고통의 세계에 내맡기고 수많은 훈련들을 시도합니다. 하지만 그것은 매우 단순한 문제입니다. 우리가 우리의 손이 닿는 모든 곳에 그분의 성별의 표지를 남기고, 우리의 마음과 그분의 마음 사이에 나누는 대화로써 내주하시는 그분의 임재 의식을 촉진할 수 있다면, 일상적인 일을 순수하게 하나님 사랑을 위하여 행하거나 우리가 바라는 목표에 이르는 과정은 훨씬 짧아지고 쉬워질 것입니다! 기술이나 과학이 필요한 것도 아니며, 그저 있는 모습 그대로, 우리는 그분께 갈 수 있습니다. 그저 정직한 마음으로 가면 되는 것입니다."

그의 말을 고이 간직하고 있다.

그렇지만, 우리가 하나님을 사랑하는 법을 배우기 위해, 단지 그분에게 우리의 행위들을 바치고 또 그분의 도움을 구하며 사랑의 행위들만 나타내면 충분하다고 여겨서는 안 될 것이다. 로렌스 형제가 사랑의 온전함에 이른 이유는, 출발 때부터 하나님을 노엽게 하는 것이라면 아무것도 행하지 않기로 스스로를 엄격하게 훈련하였고, 또 자기를 잊어버리고, 그분을 위해 모든 것을 포기하였기 때문이다. 이는 그가 직접 했던 말이다: "신앙생활을 시작한 이래, 나는 더 이상 덕행이나 나의 구원에 관한 생각들로 스스로를 당혹스럽게 하지 않습니다. 나는 전적으로 나 자신을 하나님께 드렸고, 내 죄에 대해 배상할 수 있는 일을 하고, 하나님 사랑을 위하여 그분 외에는 모든 것을 단념하였으며, 내 유일한 일이 이 세상에 오직 그분과 나 외에 아무것도 없는 것처럼 사는 것이라고 간주하게 되었습니다."

이와 같이 로렌스 형제는 하나님을 위하여 모든 것을 버리고, 그분의 사랑을 위해 모든 것을 행하겠다는 온전한 자세로 출발하였다. 그는 전적으로 자기를 잊었다. 그는 더 이상 천국이나 지옥이나 자신의 과거의 죄에 대해 생각하지 않았고, 하나님께 용서를 구한 다음에는 일상에서 저질렀던 잘못들에 대해서도 생각하지 않았다. 일상의 잘못들에 대해서는 그것들을 시인한 후, 다시 그 일을 돌이켜보며 스스로를 괴롭히지 않았다. 잘못을 시인한 후 그는 온전한 평화로 들어갔다. 그가 표현했듯이, 그는 자기 자신을 하나님께 맡겼고, 삶과 죽음을 맡겼고, 시간과 영원까지도 맡겼다.

우리는 하나님을 위해 창조되었고, 오직 그분만을 위해 지어졌다. 그러므로 우리가 우리 자신까지를 포함하여 모든 것을 버리고, 우리의 모든 것을 그분 안에서 발견할 때까지는, 그 목적이 이루어진 것이 아니다. 우리는 우리에게 결핍된 것이 무엇인지를, 모든 자기반성에 의해 우리 내부에서 찾으려 할 때보다, 하나님 안에서 더욱 선명하게 볼 것이다. 자기성찰이란 사실상 축출되지 않은 자기애(自己愛)의 찌꺼기이며, 우리 자신의 온전함을 위한 열성을 가장하여, 위로 하나님을 보기보다는 아래로 우리 자신을 응시하는 것이다.

로렌스 형제는 자기 생애의 시련기였던 4년 동안에 대해 종종 말하곤 했는데[두 번째 대화], 그 때 그는 자신이 잃은 자라는 무거운 의식의 짐에 깔려 있었고, 그의 영혼을 일으켜주는 이가 아무도 없었다. 하지만 그는 처음의 결심에서 결코 흔들리지 않았다. 미래를 간파하려고 헛된 시도를 하는 대신, 대부분의 고통을 겪는 영혼들이 그러하듯이 자기 마음의 현재적인 고통에 대해 곰곰이 생각하는 대신, 그는 이런 생각으로 그 자신을 위로하곤 했다 — "어떤 일이 닥치더라도, 내게 남은 날 수가 얼마이든지, 나는 하나님 사랑을 위하여 모든 것을 행하리라." 이런 식으로 그는 자기를 잊어버리고 진실로 하나님을 찾은 것이다.

　　그는 자기 영혼 속에 하나님의 뜻을 이루기 위한 사랑이 있고, 그 사랑이 자기 자신의 뜻을 이루기 위한 인간적인 사랑을 대체하였다고 내게 들려주었다. 삶의 모든 사건들 속에서 그는 하나님의 뜻이 작동하고 있음을 명백히 보았고, 이것이 그로 하여금 완전한 평화 속에 거하게 해주었다. 그의 마음이 하나님 안에 머물렀기 때문이다. 그는 어떤 큰 악에 대해 들었을 때에도, 조금도 놀라지 않았다. 오히려 그는, 죄가 인간을 이끌어가는 천박성을 고려해볼 때, 그보다 더 큰 악에 대해 듣지 않은 것이 놀라울 정도라고 말하곤 했다. 악에 마주쳤을 때 그가 일어나 곧장 하나님의 보좌로 가는 이유는, 그분만이 악의 문제를 치유하실 수 있기 때문이다. 하지만 여러 가지 이유들 때문에 허용된 악은 그분의 섭리의 질서 속에서 유용하기도 하므로, 그는 죄인을 위해 기도하고 간구하며, 그렇게 한 후에는, 그분의 평화 속에 거한다.

언젠가는 내가 아무 예고 없이 어떤 중요한 문제를 두고 그와 얘기를 나눈 적이 있는데, 그 문제는 그가 오랫동안 마음을 쏟고 수고했지만 완수하지 못했던 일이었다. 상급자들이 결심하고 그 일에 반대했기 때문이었다. 그는 아주 간단하게 대답했다. "우리는 그들이 그렇게 결심한 데에는 선한 이유들이 있을 것이라고 믿어야 합니다. 지금 우리의 의무는 순종하는 것이며, 그에 대해 아무 말도 하지 않는 것입니다." 그는 그 말을 실천했다. 비록 나중에 그에 관해 말할 기회들이 많이 있었지만, 그는 그 문제에 관해 입을 열지도 않았다.

한 번은 로렌스 형제가 매우 아팠을 때였다. 한 고결한 사람이[캉브레의 대주교 페넬롱] 그를 방문하여, 만일 하나님이 허락하시면, 좀 더 오래 살아 거룩하게 성장하는 것 또는 즉시 천국에 받아들여지는 것 중 어느 쪽을 더 원하는지 그에게 물었다. 이 훌륭한 형제는 조금도 지체하지 않았다. 그는 선택을 하나님께 맡기겠다고 대답했다. 하나님께서 그분의 뜻이 무엇인지를 보여주실 때까지, 그로서는 평화롭게 기다리는 것 외에 달리 할 일이 없다고 말했다.

이런 성향은 그로 하여금 매사에 큰 평정심을 갖게 하였고, 온전한 자유에 이르게 하였는데, 그 자유는 마치 천국의 성도들이 누리는 자유와도 같았다. 그에게는 치우침이 없었다. 그의 성품에서는 자기중심의 기미를 찾아볼 수 없었고, 사람들이 일반적으로 가지고 있는 본성적 집착에서 유발되는 어떤 편견도 볼 수 없었다. 그는 가장 반대되는 기질을 가진 사람들로부터도 마찬가지로 사랑을 받았다. 그는 어떤 차별대우도 하지 않고, 모두에게 복을 빌어주었다. 천국의 시민인 그였기에, 어떤 것도 그를 지상에 묶어둘 수 없었다. 그의 비전은 시간의 경계를 초월했으며, 영원하신 분을 오래 묵상함으로써 그분을 닮을 수 있게 되었다.

어떤 지위나 임무든, 모든 것이 그에게는 차이 없이 다가왔다. 그 선한 형제는 하나님이 모든 것 되심을 알았고, 가장 천한 임무를 맡았을 때에도 공동으로 기도할 때와 마찬가지로 그분 가까이에 있었다. 그가 피정(避靜)을 위한 절박한 필요를 느끼지 않은 것은, 사막의 고요함 속에서와 마찬가지로, 일상적인 일에서도 사랑하고 경배해야 할 동일한 하나님을 만났기 때문이다.

하나님께 가고 또 그분의 임재 안에 거하는 그의 한 가지 방법은 모든 일을 하나님 사랑을 위하여 하는 것이었다. 무슨 일이든 거기서 하나님의 영광을 구할 수 있다면, 어떤 일에 종사하느냐는 그에게 중요한 문제가 아니었다. 그가 바라본 건 하나님이었지, 당면한 일 자체가 아니었다. 자기 성향에 더 크게 반대되는 임무일수록, 자기 뜻을 하나님께 복종하게 만든 사랑은 더욱 크고 복된 것임을 그는 알았다. 일의 사소함이 섬김의 가치를 조금도 경감시키지 않음은, 하나님께서 일의 위대성이 아니라 그 일을 하도록 자극한 사랑의 위대성을 중시하시기 때문이다.

로렌스 형제에게서 두드러진 또다른 특징은 마음의 확고부동이었다. 아마도 다른 계층의 사람은 그 특징을 대담성이라고 불렀을 것인데, 그것은 하나님 외에는 모든 두려움과 희망을 초월한 한 고귀한 영혼의 증거였다. 그는 아무것에도 놀라지 않았다. 어떤 것도 그를 놀라게 하거나 두려워할 이유를 가져다주지 않았다. 영혼의 이러한 안정성은 그의 다른 모든 덕목들과 마찬가지로 동일한 원천에서 비롯된 것이다. 하나님에 대한 깊은 묵상을 통해 그의 마음속에는 무한히 정의롭고 자비로우신 창조주의 완벽한 모습이 계시되었다. 이에 기초하여 그는 하나님이 결코 그를 속이지 않으실 것이며 그를 위해 선한 것들만 보내실 것이라고 확신하였다. 따라서 그로서는 결코 그분을 슬프시게 하지 않을 것이며, 오직 그분의 사랑을 위하여 모든 일을 행하고 또 견딜 것을 결심하였다.

언젠가 나는 그에게 그의 "감독자"(director)가 누구인지를 물었다. 그는 없다고 대답했으며, 또 감독자가 필요하지 않다고 믿는다고 했다. 왜냐하면 그의 지위상 규칙과 직무는 외적인 문제들과 관련하여 정해진 것이지만, 복음은 온 마음으로 하나님을 사랑하는 내적 삶의 의무를 규정하기 때문이다. 한편 그는 "감독자"는 필요하지 않다고 여겼지만, "고해신부"(confessor)의 필요성은 크게 인정했다.

영적인 삶에서 다른 누구의 지도를 받지 않고 그들 각자의 성향과 느낌을 따르는 자들, 경건한지 아닌지를 느끼는 문제에 대해, 스스로를 진단하는 것보다 더 중요한 일은 없다고 상상하는 자들이 있는데, 그들은 어떠한 안정성이나 특정한 규칙도 가질 수 없다. 왜냐하면 때로는 우리 자신의 나태 때문에, 때로는 우리의 필요에 따라 우리에게 주시는 선물들을 다양하게 변경하시는 하나님의 작정으로 인해, 우리의 성향이 끊임없이 변하기 때문이다.

그런 이들과는 달리, 우리의 선한 형제는 꾸준히 믿음의 길로 행했다. 그것은 결코 변하지 않는다. 그 이유 때문에 그는 언제나 변함없이 하나님이 정해주신 위치에서 자기 의무들을 성실하게 수행하였으며, 그 위치에 요구되는 미덕들을 제외하고는 아무것도 칭찬할 만한 것으로 여기지 않았다. 자신의 성향을 살피거나 그가 걷는 길을 평가하기 위해 멈추는 대신, 그는 오직 하나님께만 시선을 고정하였다. 그는 일상에서 온유와 의와 사랑으로 행함으로써, 경주의 목표이신 하나님을 향해 줄곧 질주하였다. 그는 무엇을 할 것인지를 두고 곰곰이 생각하기보다는, 열심히 행하려고 노력하였다.

이 견고한 터 위에 기초를 두었으므로, 로렌스 형제의 신앙은 몽상에 빠지지 않았다. 그는 하나님 자신보다는 하나님의 선물에 만족하는 것이야말로 영혼의 연약성을 보여주는 아주 흔한 증거들이라고 확신했다. 수련 기간 때부터, 그의 품행에서는 그런 모습이 없었으며, 적어도 그가 신뢰하여 통상적으로 속마음을 털어놓은 이들에게 그런 말이 들려오거나 목격된 것이 없었다.

일생 동안 그는 성도들의 발자취를 따라, 확실하고도 분명한 믿음의 길을 걸었다. 그는 선진들이 밟아 다져놓은 길, 구원에 이르게 하는 길, 교회가 처음부터 선언했던 미덕들을 실천하는 길에서 벗어나지 않았다. 그 외 다른 모든 길은 곁눈질로 흘겨볼 뿐이었다. 소박한 믿음에서 비롯된 그의 상식과 지혜의 빛은 영적인 삶에서의 암초들을 그에게 경고해주었다. 많은 영혼들이 그 암초들로 인해 파선하였고, 호기심과 상상 및 색다른 사랑과 인간적인 지침의 급류를 따라 떠내려갔다.

하지만 우리가 오직 하나님만 구할 때에는 이런 위험들을 피하기가 아주 쉽다. 경건의 문제에서, 새로운 것은 조심해서 살펴볼 필요가 있다. 경건의 덕은 서서히 자라다가 완전에 이르는 항목들의 가지 수에 달린 것이 아니라, 정반대로, 애초부터 온전함에 관한 문제이기 때문이다.

그런 삶으로 준비되어 있었기 때문에, 로렌스 형제는 아무런 동요 없이 죽음을 가까이 있는 것으로 보았다. 일생 동안 그의 인내는 줄곧 대단한 것이었지만, 임종이 가까워질수록 너욱 커져가기만 했다. 고통으로 가장 힘겨울 때에도 그는 결코 조바심치지 않았다. 기쁨은 그의 얼굴에서 드러났고, 그의 말투에서도 분명히 드러났다. 사실상 그를 방문했던 사람들이 그가 전혀 아프지 않은지 묻지 않을 수 없을 정도였다. 그가 대답했다. "미안합니다만, 아픈 건 맞습니다. 옆구리의 통증이 아주 저를 괴롭히고 있어요. 하지만 내 영혼은 행복하고 아주 만족스럽답니다." 그들이 덧붙여 물었다. "만약 하나님이 형제를 십 년간 그렇게 아프게 하신다면, 그 땐 어떻게 하죠?" 그가 대답했다, "하나님의 뜻이라면, 십 년이 아니라 심판의 날까지라도 고통을 겪어야겠지요. 저는 그분이 계속해서 은혜로 저를 도우시고, 그것을 기쁘게 감당하도록 하시길 소망할 뿐입니다."

그의 한 가지 소원은 하나님 사랑을 위하여, 그리고 자기 죄로 인하여, 어느 정도 고난을 감수하는 것이었다. 마지막 질병에서 그는 이생에서 고난을 겪을 좋은 기회를 발견하였고, 진심으로 그것을 받아들였다. 의도적으로 그는 형제들에게 오른쪽으로 자세를 돌리게 했다. 그는 그런 자세가 큰 고통을 주는 것을 알았고, 고통을 겪으려는 열렬한 욕구를 만족시키기 위해 오히려 그 상태로 머물기를 원했다. 그의 침상을 지켜보고 있던 한 형제가 통증을 좀 덜어주기를 원했는데, 그는 두 번씩이나 이렇게 대답했다. "내 귀한 형제여, 정말 고마워요. 하지만 하나님 사랑을 위해 조금만 더 참게 해 주세요."

종종 고통이 엄습할 때 그는 열정적으로 소리치곤 했다, "나의 하나님, 저의 약함 중에서 당신께 경배합니다. 지금, 지금, 저는 당신을 위해 무언가를 견디고 있으며, 제가 당신과 함께 고난을 받고 죽는다면 좋을 것입니다." 그럴 때 그는 시편 51편의 구절들을 되풀이하곤 했다. "하나님이여 내 속에 정한 마음을 창조하시고 내 안에 정직한 영을 새롭게 하소서. 나를 주 앞에서 쫓아내지 마시며 주의 성령을 내게서 거두지 마소서."

그가 이 땅의 삶을 떠날 때가 가까이 왔을 때, 그는 자주 외쳤다. "오, 믿음, 믿음!" 이는 정녕 다른 어떤 말보다도 그의 삶을 잘 나타내준다. 하나님을 향한 그의 예배는 결코 멈추지 않았다. 그는 공동체의 한 형제에게 그의 영혼 안에 임재하신 하나님을 깨닫고는 더 이상 믿음이 거의 필요하지 않다고 말했다. 이미 보는 것에 의해 믿음이 거의 삼켜졌기 때문이다.

많은 사람들이 겁내는 어두운 골짜기에서 그의 담대함은 놀라웠다. 그에게 묻는 한 형제에게, 그는 죽음도 지옥도 두렵지 않으며, 하나님의 심판도, 악한 자의 공격들도 두렵지 않다고 대답했다.

그의 말에는 위로와 은혜가 충만했기 때문에 많은 형제들이 그에게 질문했다. 그들 중 하나가 그에게 묻기를, 살아계신 하나님의 손에 빠져드는 것이 얼마나 무서운 일인지를 아느냐고 했다. 왜냐하면 어느 누구라도, 그가 어떤 사람이든지, 자신이 하나님의 사랑을 받을 만한 지 아닌지를 확실히 알지는 못하기 때문이라고 했다. 이에 로렌스 형제가 대답했다. "동의합니다. 하지만 나는, 헛된 두려움 때문에, 굳이 그것을 알기를 바라지 않습니다. 우리가 할 수 있는 최선의 일은 그저 우리 자신을 하나님께 맡겨 드리는 것입니다."

그가 마지막 병자 성사를 받은 후, 한 형제가 그에게 마음이 편안한 지 혹은 복잡한지를 물었다. 이것이 그의 대답이었다. "나는 영원무궁토록 내가 할 일을 하고 있습니다. 하나님을 송축하고, 하나님을 찬미하며, 하나님을 경배하면서, 그분에게 내 온 마음의 사랑을 드리는 일이지요. 내 형제들이여, 우리가 해야 할 한 가지 일은, 다른 어떤 것도 생각하지 않고, 그분을 경배하며 사랑하는 것입니다."

공동체의 한 형제가 로렌스 형제에게 기도를 부탁하면서, 그를 위해 하나님께 참된 기도의 영을 주시도록 간청해주기를 바랐다. 로렌스 형제가 대답하기를, 그의 편에서는 그런 선물을 받기에 합당하게 되기 위해서라도 노동이 필요하다고 했다.

이것이 그의 마지막 말이었다. 다음날인 1691년 2월 12일 월요일, 아침 9시에, 아무런 고통이나 시름 없이, 몸의 기능들을 사용하는데 아무런 손실도 없이, 로렌스 형제는 자기 주님의 품으로 떠났다. 그리고 잠든 사람의 평화와 고요 속에서, 자기 영혼을 하나님께 맡겼다.

실천에 있어서, 진정한 기독교적 정신을 이 선한 형제의 삶과 죽음보다 더 생생하게 묘사할 수 있는 것은 없을 것이다. 하지만 그는 성실한 마음으로 영적인 삶에 매진하기 위해, 또 하나님과 그의 아들 예수 그리스도를 아는 것에 이르기 위해, 오래 전부터 세상을 버렸던 무리들 중의 한 사람이었다. 그 헌신된 사람들은 복음을 그들의 유일한 규칙으로 삼았고, 십자가의 정신을 신실하게 고백하고 서약하였다.

알렉산드리아의 성 클레멘스는 『조각보』(Stromata)의 제 7권에서 그들을 그렇게 묘사하였다. 그가 현자(賢者) 즉 지혜로운 그리스도인의 가장 큰 일은 기도라고 말했을 때, 아마도 그는 로렌스 형제와 같은 사람을 염두에 두었을 것이다. 그런 사람은 어디에서나 어느 때나 기도한다. 그런 사람은 많은 말을 사용하지 않고, 또는 많은 말 때문에 하나님이 들으신다고 생각하지 않고, 오직 은밀한 중에 영혼 깊은 곳에서 기도한다. 걸어가면서, 또는 동료들과 대화를 나누면서 기도하고, 식사 중에나 일하는 중에도 기도한다. 그의 찬미는 끊임없이 하나님께 올라간다. 아침과 정오 때만 그런 것이 아니라, 모든 행동 중에서 그는 스랍 천사들처럼 하나님을 영화롭게 한다. 기도와 영적인 일들에 대한 지속적인 묵상은 그를 온유하고, 겸손하며, 인내하게 만들고, 반면 유혹에 맞서 싸울 때에는 강철처럼 강하게 만들며, 기쁨이나 슬픔에 지나치게 빠져들지 않게 만든다.

묵상의 들판에서 그는 끊임없이 기쁨의 풀을 뜯으며, 결코 물리지도 않는다. 그것이 그를 다른 모든 헛된 즐거움들에 대해서는 무감각하게 만든다. 그는 하나님과 함께하는 사랑의 힘으로 살며, 믿음을 통해 빛들의 빛을 본다. 그는 세상이 제공하는 것에는 흥미가 없다. 사랑을 통해 그는 이미 그에게 부족한 것을 얻었고, 아무것도 갈망하지 않는다. 왜냐하면 이 세상의 삶에서 할 수 있는 한, 그의 마음에서 갈망하는 대상을 얻었기 때문이다.

그는 두려워할 이유가 없다. 이생에서 어떤 것도 그를 해치지 못하고, 그의 마음을 하나님의 사랑에서 되돌리지 못할 것이기 때문이다. 그는 자기 영혼을 평온하도록 훈련시킬 필요가 없다. 이미 자기 마음이 안식하고 있음을 보기 때문이며, 모든 것이 합력하여 선을 이루게 됨을 확신하기 때문이다. 아무것도 그의 마음을 어지럽히지 못한다. 노여움을 그는 알지 못한다. 하나님을 향해 가진 그의 사랑 때문이다. 아무것도 부족한 것이 없으니 질투가 들어올 문이 없다. 그가 자기 동료들을 사랑하는 것은 단순히 인간적인 애정 때문이 아니라, 그들이 사랑받고 사랑하시는 아버지의 사랑의 대상이기 때문이다. 그의 영혼이 확고하여 변하지 않는 이유는, 자기의 모든 길을 하나님께 맡기고 오직 그분만을 의지하기 때문이다.

나는 이 초상화에 대가의 손을 빌려 마지막 마무리를 가하고 싶다. 그는 로렌스 형제와 마찬가지로 믿음의 빛을 통해 헬라의 모든 학문과 과학에 의한 것보다 더 많은 깨달음을 얻은 사람이다. 로렌스 형제의 소박한 언어와 삶에서 순수하고도 온전한 기독교적 교훈과 실천의 본을 발견한다면, 이 무명의 평신도 형제를, 교회의 위대한 깨달음의 빛을 우리에게 전수한 위대한 스승들과 학자들의 반열에 두는 것 때문에 나를 책망할 이가 있을까? 그들의 빛이 모두 예수 그리스도로부터 왔다는 것은 다를 바가 없다. 그리스도는 스스로 지혜롭고 분별력이 있다고 상상하는 자들에게는 자기를 감추시고, 마음이 겸손하고 낮은 자들에게는 자기를 나타내시는 분이 아닌가?

"어떤 사람도 참된 기독교인 현자보다 용감하고 담대할 수 없다"고 나지안주스의 성 그레고리우스는 말했다(Orat. 28). 그 무엇도 그의 넓은 마음을 굴복시킬 수 없다. 세상이 줄 수 있는 모든 것을 거부하는 사람이라면, 그로 인해 그는 날개를 얻을 것이며, 훨훨 날아 하나님 안에서 은신처를 발견할 것이다. 그는 한계를 알지 못한다. 그는 전적으로 하늘에 속한 사람처럼 지상에서 살며, 격렬한 폭풍 중에서도 요동하지 않는다. 그는 위대한 용기를 제외하고는, 모든 것을 포기하며, 그 포기에 의해 그를 능가한다고 생각하는 자들을 능가한다.

그는 삶을 지탱할 자원들을 사용하지만(Orat. 29), 꼭 필요한 만큼 이상의 것을 쓰지 않는다. 그의 유일한 친교는 하나님과 나누는 친교이다. 외부적 감각에 속한 모든 것들을 초월하였기에, 그의 영혼은 흠 없고 점 없는 거울과 같아서, 추하고 세속적인 것으로 뒤섞임 없이, 하나님을 반영한다. 매일 그는 자신이 이미 가진 덕목에 새로운 빛을 더한다. 그러다가 마침내 그는 빛의 근원이신 하나님께 이른다. 그분의 빛 안에서 그는 실로 빛을 볼 것이다. 완벽한 기쁨의 그 날에, 진리의 영광스런 광채가 모든 수수께끼의 어둠을 흩어버릴 것이다. 이 속에서 그는 우리의 평신도 형제도 알아볼 것이다. 생각과 마음이 온통 닮은 형제로서 말이다.

이생에서 로렌스 형제가 살았던 곳은 아주 낮고 구석진 곳이었지만, 지위와 신분이 어떠하든지, 그의 삶으로부터 큰 유익을 얻지 못할 사람은 없을 것이다.

로렌스 형제는 이 세상의 염려로 가득한 사람들에게 하나님을 가까이 하도록, 그들의 의무를 충실히 행하기 위해 하나님의 은혜를 구하도록 가르칠 것이다. 또한 그들이 가장 분주할 때나, 사람들이 모이는 시장에서나, 여가 시간에도, 하나님을 가까이 하는 일을 잊지 않도록 가르칠 것이다. 우리 선한 형제의 본보기를 통해, 그들은 하나님께서 베푸신 모든 은총과 그분이 행할 수 있게 하신 모든 선한 일들에 대해 감사하면서도, 한편으로는 많은 실수로 인해 그분 앞에 스스로를 낮추도록 감동을 받을 것이다.

이 책에서 그들이 발견하게 될 것은 그저 사변적인 경건이나 수도원에서만 실천될 수 있는 경건이 아니다. 그렇지 않다. 하나님을 예배하고 사랑해야 할 의무는 모두에게 있다. 우리의 마음이 사랑으로 하나님께 결속되지 않고서는 우리는 결코 이 숭고한 의무를 수행할 수가 없다. 우리의 교제가 너무나 친밀하여 매 순간 그분에게로 이끌려야만, 또한 우리가 어머니의 사랑의 손이 붙들지 않으면 똑바로 설 수 없는 어린 아이처럼 되어야만, 이 의무를 수행할 수 있는 것이다.

우리의 아버지와 함께하는 이 교제는 결코 어렵지 않다. 그것은 아주 쉬운 것이며, 모든 사람에게 꼭 필요한 것이다. 누구든 그것을 실천하지 않는 사람, 누구든 이 큰 필요성을 느끼지 않는 사람, 누구든 자기 혼자서 옳은 일을 행하기에는 전적으로 무능하다고 인식하지 않는 사람, 그런 사람은 자기 자신에 대해 무지하고, 하나님 아버지에 대해서도 무지하며, 예수 그리스도의 지속적인 필요에 대해서도 완전히 무지한 사람이다.

이 세상의 어떤 일이나 염려들이 이 의무를 게을리할 핑계가 될 수는 없다. 하나님은 어디에나 계시고, 모든 곳에 계신다. 우리가 그분을 가까이 할 수 없는 곳, 우리 마음에서 그분이 말씀하시는 것을 듣지 못할 그런 곳은 없다. 약간의 사랑만 있다면, 그저 작은 사랑만 있다면, 우리는 그분을 가까이 하고 그분의 음성을 듣는 것이 어렵지 않음을 알 수 있을 것이다.

인생의 곤란과 당혹스러운 일들 때문에 움츠러든 사람들은 로렌스 형제의 발자취를 따르기에는 더 큰 기회를 가진 셈이다. 그들은 군중 속에서 씨름하는 자들에게 많은 염려와 근심을 가져다주는 세상의 야망이나 관습에서 대부분 벗어났으니, 우리의 선한 형제의 본을 따르기에 걸림돌이 없다. 삶의 매 순간 다른 모든 욕망들을 단념하고서, 모든 일을 하나님 사랑을 위하여 행하고 ― 로렌스 형제의 말을 빌리자면 ― 모든 것 되시는 분을 위해 모든 것을 드릴 수 있는 것이다[첫 번째 편지].

세상으로부터의 초연함, 자아에 대한 전적인 망각(이것이 더 이상 자기 구원에 대해서조차 생각하지 않고 마음을 하나님께 집중할 수 있도록 그를 이끌었다), 삶에서 일어나는 일들에 대한 평정심, 영적인 생명 안에서의 자유, 그가 보여준 이러한 본보기들은 측량할 수 없는 축복의 유산이 아닐 수 없다.

"하나님을 사랑하면서 쓰지 않은 하루는
잃어버린 날로 간주하십시오."
― 로렌스 형제

5부

로렌스 형제의 묵상 모음

로렌스 형제의 묵상 모음

내가 사랑으로 하나님의 뜻에 일치하도록 살아가는 것, 그것이 내 삶의 모든 일이다. 그렇게 살아가는 한, 내가 무엇을 하는지 또는 내가 어떤 어려움을 겪는지는 중요하지 않다.

나는 하나님의 손 안에 있고, 그분은 나에게 선한 목적을 가지고 계시다. 그러므로 나는 사람이 내게 어찌할 수 있는가에 대해서는 조금도 염려하지 않는다. 만약 내가 여기서 하나님을 섬길 수 없다면, 다른 데서 그분을 섬길 곳을 찾을 것이다.

하나님의 임재 연습은 기독교적 온전함에 이르기 위한 가장 짧고도 쉬운 길이다. 그것은 기독교적 미덕의 한 양식이자 삶이며, 죄의 부패를 막는 효과적인 방부제이다. 우리에게 용기와 선한 의지만 있다면, 이 연습은 더 쉬워질 것이다.

내게는 온 세상이 더 이상 실재하지 않는 것처럼 보인다. 나의 외적인 눈으로 보는 모든 것은 환상이나 꿈처럼 지나간다. 내가 갈망하는 것은 오직 영혼의 눈으로 보는 것이다. 아직 내 마음이 바라는 바를 소유하지 못했으므로, 그것이 내 영혼을 슬프고 풀죽게 만든다. 한편으로는 밤의 어둠을 흩어버리는 의(義)의 태양의 광채로 인해 눈이 부시면서도, 다른 한편으로는 나 자신의 죄로 인해 눈이 침침해져서 마치 내가 정신을 잃은 것 같이 느끼기도 한다. 하지만, 나는 충성스러우면서도 무익한 자의 겸손을 가지고, 하나님의 임재 안에 거하는 것을 나의 일상의 업무로 삼는다.

내가 처음 수도원 생활에 입문한 이래로, 나는 하나님을 내 모든 생각과 영혼의 애정의 목표이자 대상으로 바라보았다. 풋내기 수사로서, 정해진 기도 시간 동안에, 나는 하나님의 존재에 관하여 확신에 이르려고 애를 썼지만, 그것은 믿음의 빛에 의해서라기보다 지성의 추론에 의한 것이었다. 그리고 이 간결하고도 분명한 방식에 의해, 나는 사랑의 대상이신 하나님을 아는 것에서 자랐으며 그분의 임재 안에 영원히 거하기로 결심했다. 이 무한하신 존재의 위대함과 위엄에 전적으로 사로잡혔기에, 나는 임무에 따라 내게 정해진 곳으로 곧장 갔다. 그곳은 주방이었다. 거기서, 내게 요구되는 일들을 수행하면서, 나는 시간이 날 때마다, 일을 시작하기 전이나 후에 기도하였다.

어떤 임무를 시작하기에 앞서 나는 어린아이처럼 하나님을 신뢰하면서 이렇게 아뢰곤 했다: "오 하나님, 당신께서 저와 함께 계시기 때문에, 당신의 뜻에 따라 저는 지금 이 외적인 의무들을 수행해야 합니다. 간절히 구하오니, 당신의 은혜로 저를 도우셔서 계속해서 당신의 임재 안에 거하게 하소서. 그리고 이를 위해, 오 주여, 저의 일에서도 함께 해주시고, 저의 손의 수고를 받으시며, 당신의 모든 충만함으로 제 마음속에 거하소서."

더 나아가, 일하는 동안에도, 나는 계속해서 친밀한 대화를 이어갔으며, 주님께 나의 작은 섬김의 행위들을 올려 드리고, 그분의 은혜의 도우심을 지속적으로 구했다. 일을 마쳤을 때, 나는 내가 어떻게 내 의무를 수행할 수 있었는지를 점검하였다. 잘했다고 여겨지면, 하나님께 감사드렸다. 잘못했을 때는 용서를 구했으며, 실망하지 않고 마음을 추스르고는, 그분에게서 떨어진 적이 없었던 것처럼 새롭게 그분의 임재 속으로 돌아왔다. 이런 식으로, 나는 넘어졌을 때마다 일어나고, 모든 일을 믿음과 사랑으로 행함으로써, 싫증내지도 않고서, 하나님을 생각하지 않을 가능성이 거의 없는 상태에 이르게 되었다. 물론 처음에는 그렇게 되도록 나 자신을 훈련하기가 어려웠다.

오 주여, 주는 신들 중에 뛰어난 하나님이십니다.
주의 생각은 기이하여 우리 생각을 뛰어넘고
주의 목적들은 측량하기 어려우며
주의 손으로 하시는 일들이 실로 능하나이다!

사람들이 하나님에 대해 하는 말, 내가 읽은 모든 것, 또는 내 머릿속으로 그분을 생각한 모든 것이, 나를 만족시키지 못한다. 그분은 무한하고 완전한 분이시니, 그분이 어떻게 묘사될 수 있으며, 또는 사람이 어떻게 그분을 묘사할 말을 찾을 수 있으랴? 믿음만이 그분을 계시하고 그분이 어떤 분이신지 나를 가르칠 수 있다. 믿음으로 나는 하나님에 대해 더 많은 것을 배우며, 아주 짧은 시간에, 학교에서 오랫동안 배울 수 있는 것보다 더 잘 배울 수 있다. 오, 믿음, 믿음이여! 놀라운 미덕이로다! 믿음은 사람의 영혼을 밝히고, 자기 창조주를 아는 지식으로 그를 인도해준다. 오, 그것은 너무나 사랑스러운 미덕이건만, 그토록 알려진 것이 적고, 실천되는 것은 그보다 더 적구나! 하지만 일단 알려지면, 그것은 너무나 영광스럽고, 말할 수 없는 축복으로 가득한 것이다.

우리가 하나님께 바칠 수 있는 가장 큰 영광은 우리 자신의 능력을 전적으로 불신하는 것이며, 우리 자신을 온전히 그분의 보호에 맡기는 것이다.

오 주여, 당신의 사랑의 감동이 저를 압도합니다. 당신의 뜻이라면, 이토록 많은 당신의 인자하심의 증거들을 아직 당신을 알지 못하는 자들에게 허락하시고, 그들을 당신을 섬기는 자리로 이끄소서. 저에게는 믿음이 당신을 아는 지식 안에서 누리게 해준 부요함으로 충분합니다. 하지만 당신의 너그러운 손으로 베푸시는 은총들을 거절해서는 안 되는 것을 아오니, 주께 드리는 저의 찬미를 받으소서. 간청하오니, 주께서 제게 베푸신 이 선물들을 다시 받으소서. 주여, 저는 오직 당신만을 구할 뿐, 다른 선물들을 구하지 않았음을 주께서 아시나이다. 당신을 찾기까지, 제 마음은 안식을 얻지 못하나이다.

오 주여, 제 마음의 처소를 넓히시고, 당신의 사랑을 위한 공간을 마련하게 하소서. 저를 당신의 능력으로 붙드시어, 당신의 사랑의 불이 저를 태워버리지 않게 하소서.

하나님의 임재 연습은 진리 안에서 기도하도록 우리를 돕는데 크게 유용하다. 그것은 생각이 온 종일 배회하지 않도록 방지해주고, 하나님께 견고히 고정되도록 지켜준다. 또한 기도 시간에 평온을 유지하는 것이 한결 쉬워지게 한다.

삶은 위험들과 숨겨진 암초들로 가득하다. 하나님의 은혜의 지속적인 도움이 없다면 우리의 삶은 암초에 파선하고 말 것이다. 하지만 우리가 그분과 함께 있지 않으면, 어떻게 은혜의 도움을 구할 수 있을까? 우리의 생각들이 항상 그분에게 머물지 않고서, 어떻게 그분과 함께 있을 수 있을까? 그분의 임재 안에 거하는 거룩한 습관의 형성이 없다면, 어떻게 그분을 우리 생각 속에서 떠나지 않게 하고, 또 삶의 매 순간마다 우리가 필요로 하는 은혜를 구할 수 있을까?

영적인 삶에서 진보하고 싶다면, 빠른 머리회전으로 내린 결론과 독자적 지성의 세련된 추론에 의지하는 것을 피해야 한다. 그러므로 자기 욕망을 만족시키려 애쓰는 자들은 불행하다! 창조주는 진리의 위대한 스승이시다. 우리는 수 년간 부지런히 탐구할 수 있지만, 믿음과 하나님 자신에 관하여 감추어진 것들을 아는 지식이 훨씬 더 깊고 충만하다. 하나님은 그 지식을 겸손한 자들의 마음속에 빛처럼 비추신다.

삶의 시련과 슬픔 속에서, 하나님과의 사랑의 교제만큼 우리에게 큰 안위를 주는 것은 없다. 하나님과의 사랑의 교제가 신실하게 이루어질 때, 몸을 공격하는 질병조차 우리에게 빛이 될 수 있다. 종종 하나님은 우리 영혼을 정화하시기 위해, 또 우리를 강권하여 그분과 함께 거하게 하시려고, 우리로 하여금 몸의 고통을 겪도록 작정하신다. 그 생명이 하나님 안에 감추어진 사람, 하나님만이 유일한 갈망인 사람이라면, 어떻게 고통을 느끼는 것이 가능할까? 그러므로 우리는 질병 중에서도 하나님을 예배하고, 그분께 우리의 슬픔을 올려 드리자. 질병과 슬픔이 우리를 압박할 때에, 마치 자녀가 사랑하는 아버지에게 하듯, 우리의 하늘 아버지께 힘을 주시도록 요청하고, 그분의 뜻이 우리의 뜻이 되도록 간구하자. 이런 간략한 기도는 모든 아픈 사람들에게 아주 적당하고, 또한 슬픔을 이기게 하는 놀라운 신비임이 입증된다.

아아, 만일 내 마음이 하나님을 사랑하지 않음을 내가 안다면, 바로 이 순간에라도 나는 그것을 뽑아버리고 싶다.

오, 주의 인자하심은 예부터 있었고 또 여전히 새로우니, 제가 당신을 사랑하는 것이 너무 늦었나이다. 내 형제들이여, 그대들은 젊습니다. 그러니 나의 고백에서 유익을 얻길 바랍니다. 내 젊은 날들을 하나님을 위해 쓴 것이 너무나 부족합니다. 그분의 사랑을 위해, 그대들의 모든 세월을 바치십시오. 내가 만약 그분을 더 일찍 알았더라면, 만약 누군가 내가 지금 그대들에게 하는 말을 내게 해주었더라면, 그분을 사랑하기에 이르기까지 나는 그토록 오랜 세월을 지체하지 않았을 것입니다. 정녕, 하나님을 사랑하면서 쓰지 않은 하루는 잃어버린 날로 간주하십시오.